비영리를 위한
아웃컴 핸드북

하루 만에 배우는

비영리 성과관리의 기본원리

나남
nanam

아름다운재단 기부문화총서 10

비영리를 위한 아웃컴 핸드북

하루 만에 배우는 비영리 성과관리의 기본원리

2016년 6월 15일 발행
2016년 6월 15일 1쇄

지은이 • 로버트 펜나 · 윌리엄 필립스
옮긴이 • 아름다운재단
발행자 • 趙相浩
발행처 • (주) 나남
주소 • 10881 경기도 파주시
회동길 193
전화 • (031) 955-4601 (代)
FAX • (031) 955-4555
등록 • 제 1-71호 (1979.5.12)
홈페이지 • http://www.nanam.net
전자우편 • post@nanam.net

ISBN 978-89-300-8852-7
ISBN 978-89-300-8655-4 (세트)

책값은 뒤표지에 있습니다.

아름다운재단 기부문화총서 10

비영리를 위한 아웃컴 핸드북

하루 만에 배우는 비영리 성과관리의 기본원리

로버트 펜나 · 윌리엄 필립스 지음

아름다운재단 옮김

나남
nanam

Outcome Frameworks
An Overview for Practitioners

by Robert M. Penna and William J. Phillips

추천사

아름다운재단이 발간하는 기부문화총서가 드디어 열 번째 책을 출간하게 되었습니다. 이번에 소개드리는 책은 《비영리를 위한 아웃컴 핸드북》*Outcome Frameworks : An Overview for Practitioners* 입니다. 비영리사업의 아웃컴, 즉 성과에 대한 관심이 제고되는 요즈음, 기부자와 회원들에게 기관의 실적을 보고할 때 성과지표는 가장 민감하면서도 중요한 이슈가 아닐 수 없습니다. 물론 비영리단체는 영리를 추구하는 기업처럼 수익성만을 좇지는 않습니다. 그러나 근자에 들어 비영리단체도 경영효율성을 중시하게 되면서 실적에 대한 관심이 고조되고 있습니다. 그 규모와 사회적 중요성이 날로 커지는 비영리단체들이 높은 신뢰 속에 주어진 임무를 다하기 위해서는 반드시 사업성과를 측정하고 그 결과를 바탕으로 업무를 개선해야 할 것입니다.

이 책은 비영리단체가 진정한 성과를 만드는 방식으로 일하고 있는지를 스스로 돌아보게 합니다. 저자들이 언급한 것처럼 전 뉴욕 시장 에드 코크Ed Koch는 행인들의 인사에 "저 잘하고 있습니까?"라는 질문으로 화답하길 즐겼다고 합니다. 비영리단체의 성과보고는 "당신들은 잘하고 있습니까? 우리가 기부한 돈으로 무엇을 이루었습니까?"라고 묻는 기부자들의 당연한 질문에 대한 답이라고 할 수 있습니다. 이 책은 그 답을 어떻게 잘 만들 수 있는지를 기초부터 차근차근 이해하기 쉽게 설명합니다. 비영리 성과의 개념은 물론 성과를 측정하는 과정에서의 유의점 등을 소개해서 비영리단체의 성과업무를 발전시키고자 하는 분들에게 실질적인 도움을 줄 것으로 사료됩니다.

또한 이 책은 기부문화총서로서는 처음으로 소책자 형식을 시도하여 보다 많은 비영리 실무자들이 수월하게 활용할 수 있도록 배려하였습니다. 어려운 여건 속에서 진정성과 열정으로 헌신하는 현장의 실무자들에게 감사와 응원의 마음을 담아 추천 드립니다.

아름다운재단 이사장

예종석

머리말

1991년 '랜셀어빌 연구소'Renesselaerville Institute는 《아웃컴 펀딩》*Outcome Funding: A New Approach to Targeted Grantmaking*이라는 책을 출간했다. 이 책은 지역사회, 가족, 개인을 위해 일하는 정부와 민간기금이 명확한 성과를 낼 수 있는 새로운 방법론을 소개하는 책이었다. 이 책은 '영국 공공혁신센터'Center for Public Innovation of UK와 파트너십을 맺은 영국의 수많은 정부, 비영리기관, 그리고 북미지역에서 활용되었다.

지난 13년 동안에는 다양한 아웃컴 프레임워크가 개발되고 활용되었다. 이는 정부와 정부가 지원하는 기관들이 마주한 새로운 시대의 요구에 따른 것이었다. 기관들은 더 이상 정부나 배분기관, 혹은 개인 기부자들에게 사업의 필요성에 대한 스토리로 모금을 요청할 수 없게 되었다. 이 기부자들은 자신의 자원으로 도움을 받는 사람들의 삶과 조건이 어떻게 바뀌었는지에 대한 성과를 알고 싶어 한다. 이들에게 고전적인 성공스토리에 디테일을 추가하는 것은 방법이 될 수 없다. 우리에게는 기부자와 비영리그룹이 어떻게 일하는지, 그 많은 사례를 통해 무엇을 성취했는지를 생각하고 소통하기 위한 새로운 방법이 필요하다.

이 책은 비영리 실무자, 관리자 및 기금제공자들이 가장 적합한 아웃컴 방식을 선택하고 활용하는 데 도움을 줄 것이다. 이 책은 다음 문제들을 다룬다.

- 아웃컴 씽킹Outcome Thinking은 무엇이며 이는 기존의 기금지원, 사업의 기획 및 관리 방법과 어떻게 다른가?
- 아웃컴 씽킹의 기원은 무엇이며 어떻게 발전되어 왔는가?
- 현재 사용되는 기본적인 아웃컴 모델들은 무엇인가? 이들 간의 공통점과 차이점은 무엇인가?
- 비영리기관과 정부의 리더들이 조직에 맞는 모델을 선택하는 기준과 방법은 무엇인가?

이 책에서 비영리영역social sector은 정부, 기금지원기관(자선기관, 기업재단) philanthropic community 및 비영리단체를 포괄적으로 지칭한다. 이는 1990년 피터 드러커Peter F. Drucker가 비영리 기관nonprofit organizations을 지역공동체와 사회복지서비스기관으로 특정한 것에서 시작한 개념이다.[1] 우리는 드러커의 정의에 정부를 포함시키고 영역을 확대했지만, 여전히 드러커의 맥락 안에 있다. 즉, 우리가 칭하는 정부, 기금지원기관, 비영리단체는 각각 차이가 있지만 사회구조를 발전시키기 위해 서비스를 제공한다는 점에서 공통적이다. 그래서 아웃컴 씽킹도 이 영역 전반에 공통적으로 활용될 수 있다.

마지막으로, 우리가 소개하지 못한 아웃컴 모델이 많을 것이다. 조사연구에서 가장 많이 사용되는 모델 가운데 관점이나 지향이 다른 것들을 중심으로 소개했기 때문이다. 현장에서 활용되는 가치 있고 강력한 시스템이나 모델이 있다면 우리에게 알려 줄 것을 부탁드린다. 이 책을 통해 실무자들이 아웃컴에 대해 널리 이해할 수 있길 바라며, 현장의 경험을 우리에게 다시 들려주기를 기대한다.

2004년 4월

뉴욕, 랜셀어빌에서

아름다운재단 기부문화총서 10

비영리를 위한 아웃컴 핸드북

하루 만에 배우는
비영리 성과관리의 기본원리

차례

●●●

1 새로운 시대의 요구

The New World Order

지난 10~15년 동안 비영리기업과 정부조직, 민간재단의 리더 대부분은 '아웃컴'Outcome이라는 개념이 점점 발전하는 과정을 지켜보았을 것이다. 20년 전 이 분야에 조용히 등장한 '아웃컴' 개념은 당시에는 몇몇 사람들에게만 중시되었으나, 90년대 들어 유행어처럼 확산되었고, 마침내 비영리영역에서 피할 수 없는 현실이 되었다.

무엇이 이런 변화를 가져왔는가? 오랫동안 관용적인 기준이 적용되던 현장에서 왜 지금 '아웃컴'에 대해 질문하게 되었는가? 여기에는 다음과 같은 외부요인들이 있다.

- 정부 재창조론Reinventing Government: 데이비드 오즈번David

Osborne이 처음 제기하였고, 1993년 '(미국) 연방정부의 사업성과와 최종결과에 관한 법령'the federal Government Performance and Results Act: GPRA으로 법제화됨. 1994년부터는 GPRA에 따른 요구조건이 부과되기 시작, 2000년에는 퍼포먼스 표준performance standard을 대부분의 정부 프로그램과 정부의 지원을 받는 그룹에 적용하게 됨.[1]

- 납세자의 반발과 '(예산지출의) 결과를 확인하고자 하는' 입법부의 움직임. 특히 주state 단위에서 정부가 공공의 문제에 투여한 자원, 그중에서도 오랫동안 지속된 문제를 해결하기 위해 투여한 자원으로 무엇을 '얻었는가' buying 하는 문제를 제기함.
- 정부재정을 '내려보내 주는'trickling down 기금과 프로그램에 대한 책임이 연방정부에서 주정부 및 지방정부로 이전됨. 특히 빈곤이나 건강 관련 이슈를 고민하는 과정에서 이러한 경향이 두드러짐.
- 보건산업 분야에서 서비스와 비용관리를 강조하는 시스템을 도입하기 시작함.

최근에는 아래와 같은 요인들이 추가되었다.

- 재정관리와 미션수행이라는 양 측면에서 정부나 비영리

조직도 기업처럼 운영될 수 있고, 그래야 한다는 인식이 높아짐.

- 기부자와 기부 수령기관 양쪽에서 전통적인 관점에 도전하는 새로운 모금활동가philanthropist들이 주목받음.
- 지난 40년간 광범위하게 발전한 '사회적 공익 프로그램' socially directed program에 돈을 지원하는 정부와 기금지원기관들이 경기침체의 영향을 받음.
- 2001년에 일어난 9·11 사태 이후, 공공기금 및 자선기금을 두고 경쟁이 치열해짐.

이런 요인들 때문에 비영리기관과 정부 관련자들 대부분은 비영리 분야에도 아웃컴 개념을 도입하는 것에 동의하게 되었다. 일시적 유행을 넘어 부정하기 어려운 흐름이 된 것이다. 심지어 연방정부의 정치적 구도가 끊임없이 변화하는 와중에도 이 경향이 꾸준히 지속되었다는 사실은 국가적 차원에서 아웃컴 개념의 도입이 바꿀 수 없는 현실이 되었음을 보여 준다.

많은 비영리 리더들은 아웃컴 지향적 태도를 비영리의 사회공익적 활동social effort에도 적용해야 한다고 믿는다. 한 비영리 전문가는 "비영리단체는 결과를 만들어 내야 하는 막대한 윤리적 책임을 갖는다"[2]라고 한다. 그는 비영리단체 대부분이 가장 취약하고 사회적 혜택을 받지 못하는 사람들을 지원한다고 지적하며, "사회적 약자들을 위해 투명하게 사업을 진행하고 그 결과를 보여야 한다는 사실은 엄청난 도덕적 부담감을 준다. 이는 윤리적인 문제이다"[3]라고 한다. 미국 중서부에서 교육훈련 프로그램training program을 담당하는 관리자 또한 "우리는 굉장히 큰돈을 쓰고 있다. 당연히 사람들은 우리에게 그 돈으로 무엇을 해냈냐고 물어볼 수 있다. 우리는 그 질문에 대답할 의무가 있다"라고 말한다.

이제 논의의 중심은 아웃컴으로 접근하는 태도가 비영리영역에 적합한가 그렇지 않은가에 있지 않다. 현재의 관심은 다양한 아웃컴 모델 중 어느 것이 모금조직에 가장 잘 들어맞는가, 리더와 관리자들은 어떻게 그들의 배경과 관심사에 가장 적절한 접근법을 선택하고 시행할 것인가이다.

2 아웃컴 씽킹의 개요

The Shape of Outcome Thinking

아웃컴 씽킹이란 무엇인가?

아웃컴이라는 주제는 서점이나 인터넷에서 스포츠, 의학, 심지어 종교 등 다양한 영역에 걸쳐 매우 쉽게 찾아볼 수 있는 반면, '아웃컴 씽킹'이라는 개념 자체를 심도 있게 검토하는 책은 놀랍게도 거의 없다.

'아웃컴' 개념은 씽킹, 기금, 연구, 생활, 평가, 관리와 같은 단어와 붙어서 사용되는데,[1] 사업을 계획, 운영하거나 평가할 때 사업의 결과(내지 성과)를 중심에 두는 것을 말한다.[2]

아웃컴 씽킹에 대한 간결한 정의는 작가이자 경영의 권위자인 스티븐 커비Stephen Covey가 말한 "끝을 염두에 두고 시작하라"[3]에서 찾을 수 있다. 클로슨Clawson과 보스트롬Bostrom은 관련 연구를 다음과 같이 요약했다.

"매우 효율적으로 일하는 사람들은 당장의 문제상황에 많은 힘을 쏟지 않는다. 대신 그들이 원하는 아웃컴이나 그 문제의 대안에 집중하여 에너지를 쏟는다. (…) 관련 연구들에 의하면 좋은 성과를 만드는 핵심은 모두가 인정할 수 있는 아웃컴을 개발하여 제시하고, 여기에 집중하여 일을 진행하는 능력이다."[4]

클로슨과 보스트롬은 간단한 사례를 통해 아웃컴 씽킹의 힘을 보여 준다.

1. 직장이나 인생에서의 심각한 문제를 떠올려 보시오.
2. 다음 질문을 던지고 답해 보시오.
   ① 왜 이런 문제가 생겼나?
   ② 이유는 무엇인가?
   ③ 누구에게 책임이 있는가?
   ④ 문제해결에 어떤 장애물이 있는가?
3. 똑같은 상황을 놓고 다음 질문에 답해 보시오.
   ① 이 문제의 해결로서 무엇을 원하는가? (단순히 이 문제만 없는 상황을 넘어서는 것이어야 함.)
   ② 문제가 해결된다면 어떻게 될 것 같은가? 무엇을 보고 듣고 느끼게 될까?

③ 문제가 해결되었다고 가정할 때, 어떤 이득이 있을까?

문제에 대한 생각에 파고드는 것과 아웃컴을 향해 생각을 펼쳐 가는 것 사이에는 낙관적 태도, 에너지, 희망이라는 측면에서 큰 차이가 있다. 이것이 아웃컴 씽킹의 핵심이다. 아웃컴 씽킹은 단순히 목적이나 목표를 설정하는 것 이상의 것이다. 이는 상황에 대한 인식과 그에 따른 행동을 변화시키는 태도이며, 문제해결의 에너지 수준을 높이고, 새로운 비전을 만들어 낼 수 있는 방법이다.

아웃컴을 지향하는 사고체계outcome-directed thinking와 문제에 초점을 두는 사고체계problem-focused thinking 간의 차이에 대해서는 클로슨과 보스트롬이 충분히 강조한 바 있다. 반면, 아웃컴 씽킹과 과정/활동 중심 씽킹process or activity thinking 사이의 차이점은 더 미묘하여 제대로 인식되지 못한다. 〈표 1〉에서 비영리 활동가의 2가지 대화에 어떤 차이점이 있는지 생각해 보자.

첫 번째 질문들은 조직 내에서 벌어지는 일 전반에 초점을 맞춘다. 반면, 두 번째는 조직의 서비스가 외부에 미칠 영향력에 초점을 맞춘다. 어떤 서비스가 제공되는지 이해하는 것은 분명 도움이 되지만, 무엇이 성취되었는가를 보는 맥락 안에서만 쓸모가 있다. 그러나 비영리영역에서의 대화는 여전히 일의 과정이나 활동 자체에만 국한되는 경우가 매우 많다.

〈표 1〉 과정 중심 vs 아웃컴 중심 인터뷰

과정 중심 인터뷰	Q. 당신의 조직이 하는 일은 무엇입니까? A. 지역 저소득층 주민에게 서비스를 제공합니다. Q. 어떤 서비스입니까? A. 그룹이나 개인을 대상으로 한 가족상담입니다. Q. 얼마나 많은 사람에게 제공합니까? A. 작년에는 125가정에 500시간의 상담을 제공했습니다.
아웃컴 중심 인터뷰	Q. 당신의 조직이 이루어 내려는 것은 무엇입니까? A. 방임 가정 부모들의 양육기술을 향상시키려고 합니다. Q. 구체적으로 어떤 기술을 향상시킵니까? A. 체벌을 줄이고, 아이들의 바람직한 행동에 긍정적인 반응을 보여 더 잘할 수 있도록 격려하는 기술 등입니다. Q. 매년 얼마나 많은 가족들을 돕습니까? A. 작년에는 500가정을 지원하였고, 그 가운데 175가족이 최소 6개월간 양육태도에서 긍정적인 변화를 보였습니다. Q. 내년에는 어느 정도의 결과를 성공 기준으로 잡고 있습니까? A. 200가족에게서 더 개선된 양육태도를 이끌어 내려고 합니다.

〈표 2〉의 2가지 질문방식이 어떻게 다른 방식의 생각을 이끌어 내는지 생각해 보자. 그리고 이해를 돕기 위해 많은 리더들에게 익숙한 비영리영역의 상황을 예로 들어 보겠다. 가상의 두 비영리단체인 '리버베일 지역개발협회'Rivervale Community Development Organization: RCDO와 '힐스데일CDO'Hillsdale CDO: HCDO가 있다고 하자.

두 단체 모두 지역사회 내에서 같은 이슈를 다루며, 직원은 30명이고 예산 규모는 5만 달러라고 가정한다. 미션이나 직원들의 역량, 지역공동체에 대한 관심 및 태도도 비슷하다. 그

〈표 2〉 과정 지향적 질문과 아웃컴 지향적 질문

과정 지향적 질문	아웃컴 지향적 질문
어떤 주거지원 서비스를 제공합니까?	주거지원 서비스로 지역사회에서 이루고 싶은 결과는 무엇입니까?
조직이 하는 일은 무엇입니까?	조직이 성취하려고 노력하는 것은 무엇입니까?
조직은 지역의 어떤 수요를 충족시키고 있습니까?	조직이 돕는 사람들의 환경이나 행동에서 어떤 변화를 이끌어 내려고 노력하고 있습니까?
지역사회의 상황이 악화되는 것을 막기 위해 꼭 필요한 서비스는 무엇입니까?	우리 지역이 더 나아지려면 인구와 상업적 구성이 어떠해야 이상적입니까?
학생들이 겪는 학습장애를 어떻게 해결할 수 있을까요?	아이들이 성공적으로 자라나기 위해 꼭 필요한 기술과 지식은 무엇입니까?
정보를 공유하기 위해 조직에서는 어떤 전략을 세우고 있습니까?	어떤 특정 집단에서 어떤 태도 변화를 이끌어 내고 싶습니까?

러나 '리버베일'은 과정 · 문제 중심으로 접근하고, '힐스데일'은 아웃컴 중심으로 접근한다. 즉, 이 두 단체의 모든 상황은 동일하며 접근방식만 다르다.

두 단체의 대표가 다음과 같은 상황에 직면했을 때, 접근방식에 따라 어떻게 다른 결과로 이어지는지 살펴보자.

- (지역사회의 인물 중) 변화를 추구하는 새로운 이사장이 선출됨.
- 주정부가 저소득층 주택문제의 해결을 위한 기금지원 프

로그램을 발표함.

- 최근 6개월 동안 주요 임원의 3분의 1이 퇴사함.
- 주요 기업의 후원이 중단되어 내년 지역 프로그램 예산이 대폭 삭감됨.

몇몇 새로운 이사진이 임명된 상황에서 아웃컴 지향적 사고와 과정 지향적 사고가 어떻게 작동하는지 살펴보자.

'과정' 지향적 반응을 보이는 '리버베일' 대표는 새 이사진에게 브리핑을 하며 다음 요소들을 강조하였다.

- 지역사회의 높은 빈곤지수와 그것이 주민들에게 미칠 영향
- 경기침체softening economy와 더불어 점점 심각해지는 부정적인 경제 동향.
- 단체가 제공하는 서비스의 규모와 범위.
- 직원들의 자격요건. 예컨대, 학력, 경력, 조직에서의 활동기간.
- 단체가 맞닥뜨린 재정과 인력 관련 문제점.
- 모금단체들이 적절한 자원을 찾는 데 따르는 어려움.
- 이사로 위촉할 만한 지역사회 리더를 찾는 데 따르는 지속적인 문제점.

아웃컴 지향적 관점에 따르는 '힐스데일' 대표의 반응은 확연히 다르다. 그녀는 다음 사항들을 강조한다.

- 처음으로 20가정이 영구주택을 얻을 수 있게 한 작년의 성과를 요약함. 총 지원 가정의 25%에 불과하지만, 이러한 가정들이 겪는 문제점을 고려할 때, 단체는 이 프로그램에서 바람직한 진전을 보이고 있음.
- 단체는 지역사회의 다양한 구성원들이 원하는 동네 환경을 조성하겠다는 미션과 비전을 위해 지속적으로 헌신하고 있음.
- 올해의 사업목표와 각 프로그램의 아웃컴이 단체의 미션과 어떻게 연결되는지를 설명함.
- 경제적 난관이 존재함에도, 지역사회에 새로운 사업 분야를 이끌어 내고 주정부기관의 관심을 얻어 지역자원의 가치를 높이기 위해, 서비스 제공자, 정치인, 사업가들이 작지만 긍정적인 협력을 지속해 왔음을 증명함.
- 프로그램 규모가 축소될 때마다 어려움을 겪지만, 외부의 압박으로 자원이 줄어드는 것은 어쩔 수 없는 상황이므로, 주정부의 예산이 충분하던 시기에 수행했던 활동들은 잠시 보류하고, 지금은 가장 필요한 일에 집중해야 한다는 깨달음을 얻음.

두 그룹 간의 관점 차이는 명백하다. 잔에 물이 반이나 비었나, 반이나 차 있나 하는 문제이다. 아웃컴 중심의 사고를 하는 사람은 '신데렐라이즘'Cinderella-ism(지역사회나 단체가 직면한 진짜 문제점을 부정하는 태도)에 빠지지 않도록 주의해야 한다. 그러나 단체의 성장이라는 측면에서 능력과 기회에 초점을 맞출수록 그 효과도 실제로 커진다는 인식이 점차 퍼지고 있다.[5]

앤 워필드Anne Warfield는 아웃컴 씽킹이 개인에게 책무성accountability* 을 심어 주고, 직장이든 가정이든 지역사회든 본인의 삶에서 원하는 아웃컴에 도달하는 데 필요한 기술들을 배우게 한다고 강조한다.[6] 진정한 아웃컴은 단체가 수행한 것을 넘어, 이루어 낸 것에 달려 있다. 아웃컴은 컨설턴트 루시 나이트Lucy Knight가 만든 수혜자customer 중심의 용어인 BACKS 측정법을 통해 적절하게 정의할 수 있다. 이는 사람의 행동Behavior, 태도Attitude, 상태Condition, 지식Knowledge, 지위Status[7]에서의 변화들이다. 즉, 아웃컴은 프로그램이 무엇을 했느냐가 아니다. 프로그램이 무엇을 했기에 그 서비스를 받은 사람들에게 아웃컴이 발생했느냐의 문제이다.

---

* 〔옮긴이 주〕 비영리기관의 '책무성'은 비영리기관이 투명한 재정관리, 의사결정과 운영governance, 자원을 투입하여 진행한 사업에서 납득할 만한 성과를 만드는 것performance, 최종적으로 조직의 사명을 이루어 내는 일mission에 책임을 갖는다는 의미이다. 좁게는 정해진 절차와 법령을 잘 지키는 것, 넓게는 실질적인 성취에 대한 책임까지로 해석될 수 있다.

단체 또는 개인의 맥락에 적용되었을 때, 아웃컴 씽킹은 매우 큰 힘을 갖는다.

- 아웃컴 씽킹은 우리의 초점을 조직 자체, 혹은 조직이 하는 일로부터 다른 사람이 처한 상황으로 옮기도록 한다. 이는 우리가 수혜자의 관점에서 볼 수 있도록 하고, 그 관점에서 의미 있는 성공이 무엇인지 이해할 수 있게 한다.
- (사업의) 시작단계에서부터 성취하려는 결과, 즉 성공을 어떻게 정의할 것인지를 숙고하게 만든다.
- 시작단계에서부터 진행과정 내내 프로젝트가 '어떤 가치를 만드는가'에 대한 질문을 제기한다. 가치란 생산물, 서비스, 또는 상호작용 가운데 대상자나 수혜자에게 중요하고 의미 있는 것으로 정의할 수 있다.[8]

지금까지의 논의는 아웃컴 씽킹이 무엇인지, 그것이 더 전통적인 사고, 즉 과정을 중심에 두는 사고체계 및 비영리영역에서 익숙하게 여기는 기획방식과 어떻게 다른지에 대한 것이었다. 그러나 진정으로 아웃컴이라는 도구를 이해하려면, 이것이 어디에서 시작되었고 어떤 영향을 받아 발전했는지의 맥락을 이해할 필요가 있다. 이제 그쪽으로 관심을 돌려 아웃컴의 근원을 탐구해 볼 것이다.

3 아웃컴의 기원

The Lineage of Outcomes

아무것도 없는 상태에서 갑자기 튀어나오는 아이디어는 거의 없다. 대부분은 계보, 즉 그 개념이 진화하고 발전한 역사가 있다. 아웃컴 씽킹도 마찬가지이다. 현재 비영리영역에서 사용되는 아웃컴 모델과 프레임워크framework를 더 잘 이해하려면 이러한 사고의 기원을 알아볼 필요가 있다. 아웃컴에는 경영관리와 사회과학적 평가연구라는 2가지 기원이 있다는 것이 핵심이다.

경영 분야에서 아웃컴 씽킹의 기원

농업시대, 산업혁명 이전의 시대, 심지어 산업시대에도 경영관리는 당시 인구의 절대 다수를 차지했던 육체노동자에 초점을 두었다. 농장이나 상점, 공장에서 일을 '관리'한다는 것은 대체로 일을 하는 사람들을 관리하는 것이었다. 노동자들은 게으르거나 성실하거나 튼튼하거나 허약하다는 식으로 범주화되었다. 노동자들의 생산물output을 늘리는 유일한 방법은 더 오래 일하거나 더 열심히 하는 것이었다. 근대 경영학의 아버지로 널리 알려진 프레더릭 테일러Frederick Taylor는 최초로 '일'work을 분석하며, 새로운 논의주제를 제시했다. 바로 노동생산성의 증가이다.[1] 테일러는 일 자체에 개선될 수 있는 뭔가가 있으리라는 통찰력을 보여 주었다.

테일러는 산업노동자들의 모든 활동과 과정을 분석하며 연구했다. 모든 움직임과 물리적 노력, 그리고 소요시간을 기록했다. 꼭 필요하지 않은 움직임은 바로 제외했다. 여기서 남은 활동이 바로 최종 생산물을 획득하는 데 가장 단순하고 빠르고 쉬운 방법이었다. 테일러의 선구적인 노력 이후 10년도 지나지 않아 생산성을 측정하고 향상시키는 '일'의 중요성이 광범위하게 인식되었고, 그 측정법은 오늘날까지도 생산성 증진을 위한 중요한 도구로 사용되고 있다.[2]

후기 산업경제가 발전하면서 점점 더 '일'과 물리적 노동의 연결성이 줄어들고 있다. 관리의 핵심은 '일'에 초점을 맞추던 것에서 '퍼포먼스'performance를 강조하는 것으로 바뀌고 있다.[3] 꼭 필요한 육체노동은 여전히 경영관리의 대상이 되지만, 주된 관심은 일이나 노력의 '양'quantity을 증가시키는 것에서 '질'quality을 높이는 쪽으로 옮겨졌다. 퍼포먼스의 측정방식은 노동자가 생산한 생산물의 양이 얼마인지 측정하는 것을 넘어 그 생산물이 얼마나 훌륭한지를 측정하는 것이 되었다. 이는 아웃컴 씽킹을 향한 중요한 첫 발걸음이다. 체계적 접근법으로서는 처음으로 **결과**result에 관심을 보였기 때문이다.

이러한 변화와 가장 밀접한 관련이 있는 사람은 에드워드 데밍W. Edward Deming이다. 그는 차이variation의 영향력과 파급력pervasiveness을 이해하는 데 기반을 둔 경영관리 철학인 '종합적 품질관리'Total Quality Management 개념을 발전시켰다.[4] 그에 따르면, 모든 시스템은 형태form, 상태condition, 외양appearance에서 발생하는 오차를 관리해야 하는데, 그러한 차이는 생산과정과 생산물의 최종적인 결합으로 이어지기 때문이다. 따라서 차이를 이해하는 것이 변화관리에 필수적이다. 시스템의 질을 유지하기 위해서는 계속 발생하는 차이를 줄여야 한다. 이러한 새로운 관점과 더불어 데밍은 경영관리의 초점을 **생산물**, 즉 무엇이 얼마나 생산되었는가 하는 질문에서 생산물의 **질**이

〈그림 1〉 커크패트릭의 4단계 모델

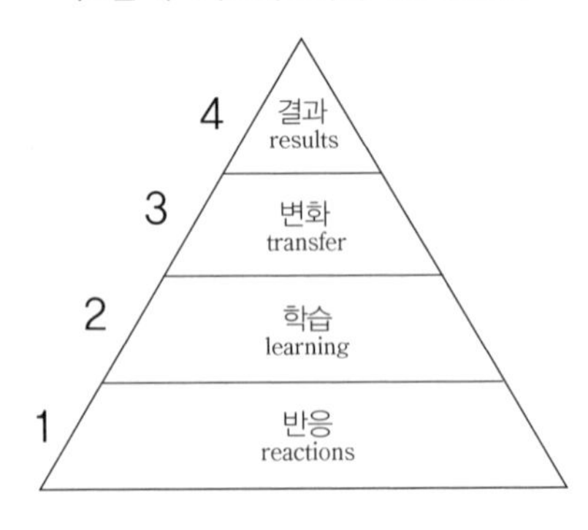

* 각 단계에서의 성공이라는 평가는 하위단계의 결과로 제공되는 정보를 토대로 구축된다.[5]

어떠한가 하는 아웃컴으로 옮겨야 한다고 했다. 여기서 중요한 점은 그가 측정과 '(자료화된) 사실에 기반을 둔 매니지먼트' Management by Fact에 관심을 기울였다는 점이다. 데밍과 그의 작업을 이은 사람들 덕분에, '측정할 수 있는 것이 관리할 수 있는 것'이라는 조직적 신념이 발생했다. 뒤에서 살펴보겠지만, 측정에 대한 이러한 관심은 비영리영역에서 아웃컴 프레임워크 개념이 개발되는 데 직접적인 역할을 했다.

테일러와 데밍 이후, 경영 분야에서는 도널드 커크패트릭 Donald Kirkpatrick이 제안한 '기업 교육 프로그램을 위한 4단계 평가 가이드'가 아웃컴 씽킹의 계보를 이었다.[6] 커크패트릭은 모든 교육 프로그램은 〈그림 1〉에 나타난 바와 같이 4가지 기본 관점에서 평가되어야 한다고 주장했다.

- **1단계, 프로그램 참가자들의 반응**: 참가자 반응은 학습을 위해 중요한 결과이다. 긍정적인 반응이 학습을 보장하기는 어렵지만, 부정적인 반응은 학습 성공의 가능성을 낮추기 때문이다. 즉, 참가자들이 프로그램을 좋아하지 않는다면, 그것에서 배우려 하지도 않을 것이다.
- **2단계, 참가자들의 학습**: 기술, 지식, 혹은 태도에서 어느 정도의 진전을 보이는가?
- **3단계, 참가자 행동에 미친 영향**: 새로 습득한 기술, 지식, 또는 태도가 학습자의 일상적 환경에 어느 정도로 나타나는가?
- **4단계, 비즈니스 결과에 미친 효과**: 이 단계에서 단체에 재정적으로, 또는 다른 사업의 결과에까지 미친 효과가 밝혀진다.

커크패트릭의 시스템은 상업적 교육 프로그램의 기준이 되었다. 이는 아웃컴 씽킹의 진화에 직접적인 영향을 미쳤는데, 특히 공공영역에서 아주 많은 프로그램들의 기반이 되는, 학습과 그에 따른 행동변화와 관련하여 중요한 통찰력을 제공하였다.

현재의 아웃컴 씽킹의 뿌리를 초기 경영이론에서만 찾는다면, 아웃컴 씽킹은 식스 시그마Six Sigma, TQM, 리엔지니어링Reengineering과 같은 기업의 이론들과 다르지 않았을 것이다.

그러나 아웃컴 씽킹은 이론의 핵심이 되는 중심변수의 차이 때문에 기업경영이론과는 다르다. 바로 이윤profit이라는 변수다. 기업의 기본원칙이 이윤을 창출하고 지속시킬 수 있는 조직을 만드는 것이라는 점에서 기업세계와 비영리영역 간의 차이가 드러난다. 정부와 비영리조직은 이윤을 창출하기 위해서가 아니라 사회에 봉사하기serve 위해 존재한다. 기업과는 다른 계산법, 다른 아웃컴 측정방식이 필요한 것이다. 이는 오늘날 알려진 아웃컴 씽킹의 다른 원천, 계보의 또 다른 부분을 설명해 준다. 그 원천은 바로 평가규칙discipline of evaluation이다.

평가의 기여

전 뉴욕 시장 에드 코크는 지나가는 사람들의 인사에 "저 잘하고 있습니까?"라고 질문하기를 즐겼다. 거리에서 인사하거나 손을 흔들거나 이름을 부르는 사람들에게 시장이 이런 질문을 던지는 것은 그의 인기와 영향력을 빠르게 시험할 수 있는 방법이었다. 코크는 이를 가벼운 트레이드마크로 삼았지만, 사실 이는 정부 지원을 받는 모든 조직government-supported institution에 기본이 되는 질문이다.

정치인들과 정책에 대한 평가는 투표결과를 통해 주기적으로 가시화된다. 그러나 대중들이 접촉하는 많은 프로그램의 유효성을 일상적 차원에서 평가하기 위해서는 훨씬 더 세밀하고 목표지향적인 접근이 필요하다. 이러한 접근법은 사회과학에 기반을 둔 평가영역, 즉 비영리 프로그램의 질을 높이겠다는 분명한 미션 아래에서 개발되었다.[7]

일찍이 1874년 미국에서는 공중보건에 대한 우려가 높아지면서, 최초로 공공정책의 유효성을 볼 수 있는 데이터를 계획적으로 수집하고자 하는 집단적 노력이 시작되었다. 1907년에는 '뉴욕시 지역조사국'New York City Bureau of Municipal Research에서 사회 환경에 대한 데이터를 모으기 시작했다. 이러한 초기 연구는 평가보다는 단순서술에 가까웠는데, 오래지 않아 '믿을 만하고 타당한' 측정법의 필요성을 폭넓게 인식하게 되었다.

1969년 '도시 연구소'Urban Institute는 연방정부가 지원한 프로그램의 '평가' 자체를 광범위하게 점검한 결과, 제대로 된 평가는 '거의 존재하지 않는다'[8]는 결론에 이르렀다. 연구결과에 따르면 너무 많은 프로그램이 검증되지 않았고, 심지어 부적절한 가정, 전통, 또는 '상식'에 기반을 두고 있었다. 연구진은 해결책으로 4단계 절차를 제안하였다.[9]

- 1단계: 계획initiatives과 프로그램이 어떤 가정assumption에 기반을 두고 만들어진 것인지 확인할 것.

- 2단계: 그 가정에 이의를 제기할 것.
- 3단계: 중간단계마다 세부목표를 넣을 것.
- 4단계: 노력보다는 **퍼포먼스**를 기준으로 판단하게 할 것.

프로그램의 **산출**output을 넘어서는 **효과**impacts와 **아웃컴**outcome이라는 개념은 몇 년 뒤에나 나타났지만, 이 연구와 후속 작업들은 이러한 고민의 씨앗이 되었다.

평가이론 개발에 큰 영향을 미친 인물 중 하나는 '현재 가장 위대한' 방법론자라고도 불리는 도널드 캠벨Donald T. Campbell이다.[10] 캠벨은 오늘날까지 사용되는 평가의 기본 방향을 세운 것으로 알려져 있다. 그는 평가 개발에서 가장 중요한 목표는 가능한 한 단순한 방법으로 대립적이고 경쟁적인 가설을 없애는 것이라는 점을 재인식하게 한 인물이다. 유사실험 디자인quasi-experimental design이라는 개념을 만들어 내고 평가를 위한 실험 방법 사용을 옹호한 것으로도 매우 유명하다.[11]

캠벨이 발표한 유사실험 연구 디자인은 사회적 실험, 특히 사회정책의 평가를 표준화하기 위해 고안되었다. 캠벨은 모든 사회정책을 실제로 적용하기 전에, 제대로 작동할 것인지에 대한 가설의 수준에서 표준화된 방식으로 검증하는 것이 이상적이라고 생각했다.

또한 캠벨은 프로그램의 실패 자체가 잘못은 아니라고 생각했다. 정책이나 프로그램의 실패는 다음 사업을 위한 학습의 원천이 되어야지, 변명하거나 양해를 구할 일이 아니라는 것이다. 대신 그는 실패가 변화와 혁신의 중대한 동기부여가 되어야 한다고 주장했다. 캠벨은 사람들이 실패는 끝이 아니라 새로운 시작이라는 사실을 충분히 납득하고 있을 때에만, 실무자들이 평가를 피하거나 극복해야 할 문제로 보는 것이 아니라 유용한 도구로 받아들일 것이라고 주장했다.[12] 캠벨은 증거evidence에 기반을 둔 평가방식의 발전에 대단히 큰 영향을 미쳤고, 이는 뒤에서 살펴볼 아웃컴 기반의 프레임워크로 나아가는 직접적 시초가 되었다.

아웃컴 운동의 진화에 영향을 미친 또 다른 인물은 클로드 베넷Claude Bennett이다. 1975년에 쓴 글에서 그는 "평가는 그 자체가 목적이 될 수 없다. 프로그램의 지속여부와 우선순위, 수정사항을 결정하는 데 도움이 될 때에만 가치가 있다"[13]라고 강조했다. 그는 평가를 **경영관리 도구**로서 사용하는 새로운 개념을 소개했다. 그로부터 1년 전 파멜라 호스트Pamela Horst와 그 동료들은 효과적이고 **실용적인** 평가를 가로막는 장애요인으로, 대부분의 평가가 의사결정을 지원하도록 고안되지 않았고 의사결정자에게 맞추어지지도 않았으며 의사결정자들에게 그 평가의 결론이 제대로 통보되지도 않은 점이라고 했다.[14] 베넷은 **그렇다면 이런 평가는 왜 하고 있느냐**고 문제를 제기했다.

매니지먼트와 동떨어진 평가는 단순한 판단에 지나지 않으며 프로그램이나 실무자, 기부자에게 별 의미가 없다는 것이다. 이 질문은 또한 평가는 **학습과정**learning process이기도 하다는 개념을 포함한다.

베넷 이전에는 기부자와 프로그램의 **영향을 받는** 대중들에게 성과를 보여 주어야 한다는 책무성 때문에 평가를 강조했다. 이는 특히 프로그램이 다루기 어려운 문제들을 직면했을 때 수면 위로 드러나곤 했다. 수백만 달러를 썼는데도 빈곤, 범죄약물 남용 등 여러 재난이 여전하다면, 이 프로그램이 어떤 **쓸모**가 있는가? 이런 질문이야말로 '국가적 책무성 운동'[15]의 핵심이었다. 베넷은 이러한 관점의 중요성을 인식했지만, 그저 '효과가 있었는지' 살펴보는 것만으로는 평가 프로그램으로서 충분치 않다고 경고했다. 대신, 어떤 실수가 있었고 거기서 무엇을 **배울지**를 깨달아 '개선'modification하는 것에 데이터가 역할을 해야 한다고 했다.

베넷은 **이벤트 사슬**Chain of events체계라는 7단계 이론으로 가장 유명하다. 그는 여기서 **투입**input에서 시작하여 결국 목적을 이루는 데까지 이르는 일련의 단계를 각각 연결하였다. 즉, 비영리 프로그램의 연속적 논리logic 개념을 소개한 것이다.

조지프 호울리Joseph Wholey와 '도시 연구소'의 연구팀은 70년대 중반, 당시 진행되던 평가들에 대해 베넷처럼 의문을 제기하면서 전체 퍼즐에 몇몇 결정적인 조각들을 추가했다. "왜 프로그램을 담당하거나 평가하는 사람들이 프로그램 퍼포먼스의 발전을 위한 작업에 협력하기 어려운가?" 호울리의 팀은 **프로그램 관리자들에게 도움을 줌으로써** 평가를 더 유용하게 만드는 방법들을 찾아냈다.[16]

앞서 호스트는 평가를 진행하는 데 다음 2가지 역학관계가 발생한다는 사실을 지목했다.

- 평가자와 평가 사용자 간의 상호영향
- 평가자와 평가된 프로그램 간의 상호영향

이러한 관점은 평가가 이를 들여다보는 사람들에 따라, 그리고 그들 각각의 요구에 따라 달라진다는 것을 보여 주었다는 점에서 탁월했다. 호울리는 기부자나 정책 입안자들에게 전형적으로 제공되는 평가 내용 같은 정보들이 프로그램 관리자들에게 별 도움이 되지 않는다는 점을 인식했다. 그는 관습적 평가에서는 매니지먼트에 필수적인 정보들이 초점이 되지 못하고 있다고 결론지었다. 호울리는 '프로그램 평가성'Evaluability이라고 부르는 개념을 발전시키면서, 다음 3가지 주요 이유로 많은 프로그램들이 의미 있는 평가를 받지 못한다고 주장했다.

1. **명확한 정의의 부족**: 프로그램이 겨냥하는 핵심적 문제, 개입intervention, 기대되는 아웃컴, 원하는 효과 등이 측정될 수 있도록 충분히 정의되지 못함.
2. **일관성 있는 논리의 부재**: 많은 프로그램이 자원 사용, 개입, 예상되는 프로그램 효과 사이의 명확한 연관성을 설명하지 못함.
3. **매니지먼트 기술의 부족**: 많은 프로그램 리더들이 훈련되어 있지 않고 경험이 없으며 평가결과에 따라 활동할 권한이 없음.[17]

베넷이 평가체계의 각 단계에 논리적 연관성이 내재해야 한다는 것을 강조했다면, 호울리와 호스트는 평가단계 이전에 논리가 적용되어야 한다는 주장으로 나아갔다. 즉, 성공과 타당성 정도를 평가하기 위해서는, 평가를 가능하고 의미 있게 만드는 방식으로 사업을 기획해야 한다는 것이다.

현대 아웃컴 씽킹의 발전은 거의 완성되었다. 렌 빅먼Len Bickman은 프로그램이론이 필요하다고 생각하는 이들에게 다음의 내용으로 중요한 기여를 했다. "(프로그램이론이) 모두 지나치게 일반적이다. (좋은) 프로그램은 온전하고 검증 가능한 프로그램이론이 아니라 프로그램과 관련된 개념과 아이디어에서부터 나온다." 빅먼은 프로그램 이론을 "프로그램이 어떻게 효과를 발휘할지를 보여 주는 타당하고 합리적인 모델구"로서 적용해야 한다고 주장했다.[18] 빅먼에 따르면 합리적인 이론은 다음 요소들을 포함한다.

- 현재 상황을 만들어 낸 인과관계와 여기에 특정 프로그램을 개입시키는 합리적 근거.
- 과학적 설명, 기반이 된 이론, 투입과 진행과정process 및 산출의 모델, 그리고 정책.
- 프로그램의 자원, 활동, 아웃컴, 그리고 그것들을 연결하는 인과관계의 가설.

빅먼은 프로그램이나 개입이 시행되기 전, 즉 평가단계보다 훨씬 이전 단계에 아웃컴을 적용해야 한다는 강력한 논지를 펼쳤다. 아웃컴을 쓸모 있고 나은 평가를 위한 방법으로 발전시킨 사람들에게 기획과 관리의 도구로 아웃컴 프레임워크를 사용해야 한다는 요구는 매우 혁신적인 것이었다.

이어 캐롤 와이스Carol Weiss, 마빈 왓킨스Marvin Atkins, 마이클 퀸 패튼Michael Quinn Patton 등의 사람들은 아웃컴 씽킹 평가가 오늘날의 모습으로 진화하는 데 중요한 기여를 했다. 이들은 오늘날 사용되는 아웃컴 프레임워크를 개발하여 비영리영역의 실무자들에게 도움을 주었다.

요컨대, 이 개념은 하나의 명확한 기원에서 출발하여 단일한 경로로 발전된 것이 아니다. 초기에 기업경영을 고민하던 사람들은 결과와 퍼포먼스를 두고 문제를 제기하며 아웃컴 개념의 문을 열었다. 또한, 지난 20년간 비영리 프로그램을 관찰했던 사람들이 비영리 프로그램과 노력의 성과를 요청하고 목적에 대한 명확한 정의를 요구하면서 이 개념이 주목받기 시작했다. 차츰 경험이 쌓임에 따라, 활동을 뒷받침하는 가설에 합리적이고 검증 가능한 논리의 필요성이 인식되었다. 가장 큰 도약은 프로그램 수행 전에 이 논리를 적용하는 검증 개념이 나온 것이었다. 아웃컴 씽킹이라는 개념은 지속적인 개선을 거치며, 점차 몇몇 사람들이 사용하던 추상적 개념에서 프로그램 책임자들과 의사결정자들이 넓은 범위의 여러 프로그램과 목적에 사용하고 적용할 수 있는 도구로 변화했다.

그러면 오늘날 이 분야는 어디까지 와 있는가? 어떻게 정의되는가? 어떤 아웃컴 모델들이 있으며, 무엇이 이 모델들 간의 차이를 나타내는가? 조직은 어떻게 요구에 가장 잘 맞는 모델을 결정하는가? 다음 장에서 이런 질문들을 주로 다루도록 하겠다.

4 아웃컴의 언어

The Language of Outcomes

아웃컴 씽킹뿐만 아니라 어떤 사고체계에 관여하려면 언어는 필수적인 문제다. 우리는 스스로 혹은 다른 사람들과 소통하기 위해서 언어를 사용하기 때문에, 언어의 프레임워크 안에서 개념을 잡아야 한다.

아웃컴 언어는 변화를 일으키고 영감을 불러오는 힘과 잠재력에 그 핵심이 있다. 그러나 간혹 모순적 상황이 발생하기도 한다. 단체가 아웃컴 방식을 도입하면, 조직 내부에서 사용할 아웃컴 언어 또한 채택하게 된다. 그런데, 새로운 언어를 사용하면 최소한 초기단계에서는 외부와의 소통에 어려움을 겪을 수 있다.

이때 몇몇 핵심 개념을 위해 전문용어를 명쾌하게 정하고 정확하게 사용하도록 규칙을 세우는 것은 궁극적으로 조직 '시스템'의 안과 밖을 운영하는 사람들과의 소통communication을 향상시키는 데 아주 좋은 시작점이 된다.

비영리영역에서 언어가 특별히 문제가 되는 이유는 프로그램이 다루는 분야가 다양하기 때문이다. 비영리 서비스 분야를 예로 들어 보자. 중간 규모의 조직은 사회복지, 심리학, 의료, 교육, 비즈니스 관리, 회계, 공공행정 등의 분야에서 직원을 고용한다. 이 직원들은 일과 관련하여 전문적인 훈련을 받았고, 그를 통해 나름의 언어와 가치체계가 성립된 사람들이다. 각 전문 영역, 즉 아동복지, 노숙인, 청소년 서비스에 존재하는 전문용어들을 생각해 보라. 소통의 문제가 가장 자주 언급되는 어려움이라는 점은 놀랍지도 않다. 여기에 아웃컴 언어를 받아들이도록 하는 것은 무척 어렵고, 때로는 저항에 부딪히기도 한다.

그럼에도 언어 문제는 매우 중요하므로, 비영리영역에서 현재 사용되는 주요 모델과 프레임워크를 살펴보기 전에 몇몇 공통 개념과 정의를 살펴보자.

- **투입**input: 프로그램이나 서비스에 들어가는 자원. 직원들의 업무시간, 시설, 장비, 물품, 운영비를 포함한다. 또한 상담, 교육 프로그램 등과 같은 서비스 활동을 가리

〈표 3〉 산출의 예

서비스 종류	대표적인 산출물
교육	교육을 받은 사람 수, 생산된 커리큘럼
전략기획	명문화된 계획서
상담	기간별 상담을 받은 사람(일간, 월간, 연간)
주거 프로그램	새로 지어지거나 복구된 가구 수
약물남용 치료	치료가 끝난 사람 수

키기도 한다. 조직을 정의하는 모든 것이자 조직이 제공하는 모든 것이라 할 수 있다. 투입은 '조직이 제공하는 서비스에 무엇이 들어가는가?'에 대한 답이다.

- **산출**output: 주어진 과정이나 활동에서 생산되는 최종 물품 또는 서비스. 산출은 대체로 개별 클라이언트에 특정하기보다는 전반적인 규모volume의 용어로 기술된다. 산출은 아웃컴에 분명히 영향을 미치지만, 아웃컴과 똑같지는 않다. 산출은 '서비스나 프로그램이 진행되었다는 실질적 증거는 무엇인가?'에 대한 답이다. 〈표 3〉은 여러 예시를 보여 준다.
- **아웃컴**outcome: 이 단어는 명백히 아웃컴 프레임워크에서 사용되는 가장 중요한 개념이며, 가장 용법이 어려운 단어이다. 어떤 경우에는 프로그램의 대상이 되는 개인이나 집단의 환경, 행동, 태도 또는 지위에서 이끌어 낸 긍

정적인 변화를 기술하는 데 쓰이며, 또 다른 모델에서는 이미 성취된 것을 기술하기 위해 사용되기도 한다. 또 다른 경우에 핵심목표나 프로그램의 미션, 또는 미래의 성공을 위한 비전을 반영한다.

아웃컴은 프로그램이나 조직의 핵심결과이다. 아웃컴은 특정 프로그램이나 서비스를 통해 성취할 수 있는 것으로 인식되어야 한다. 즉, 프로그램 차원에서 통제되고 그 영향 안에 있어야 한다.

아웃컴은 다음의 질문들에 답할 수 있게 한다.

- 프로그램의 산출물을 얻어 간 사람에게 어떤 변화가 일어날 것인가?
- 프로그램의 성공을 통해 이루고자 하는 최종적인 모습(비전)은 어떤 것인가?

〈표 4〉는 이러한 비영리영역 프로그램의 대표적 산출물에 따라오는 아웃컴의 예시이다.

그러나 산출과 아웃컴은 프로그램이나 시스템의 단순한 부산물이 아니다. 독자들이 익숙해져야 할 몇몇 용어들이 더 있다. 다음은 대부분의 아웃컴 프레임워크에서 중심이 되는 공

〈표 4〉 아웃컴의 예시

프로그램	산출물	아웃컴
적절한 주거	새로 지어지거나 재건된 주택 수	현재의 주거비를 유지하면서 더 나은 주택에서 사는 사람들 수
고용	직업교육	취업 알선, 일정 기간 이상으로 고용상태가 유지되는 것, 의료보험과 같이 고용을 통해 얻었거나 부수적으로 따라온 혜택
지역 대출 프로그램	대출	자립 정도를 높이기 위해 대출을 받고 대출금을 상환한 사람들 수

통 개념에 대한 소개이다.

- **효과**impact: 일반적으로 이 용어는 **개인을 위한 아웃컴**이 발생하면서 축적된, 광범위한 누적효과를 뜻한다. 예를 들어, 저소득층 주민들이 개선된 주거를 얻도록 돕는 활동의 **아웃컴**이 누적된 효과는 주변 환경의 외관 개선, 지역범죄 감소, 동네 아이들이 다니는 학교에서의 학습성과 향상, 지역상권 발전과 지역 부동산 가치 상승 등을 아우른다.
- **시행목표**performance target: 프로젝트 단계에서 **아웃컴**은 프로그램이나 서비스 기간 내에 나타난다. 목표target는 일반적으로 특정 시간 내에 프로그램의 서비스를 받은 사람 수를 기준으로 하여 성공을 정의한다. 목표의 설정은 조

직적 맥락에서 아웃컴 씽킹을 효과적으로 사용하는 데 필수적인 요소이다. 목표는 일반적으로 단기, 장기라고 부르는 시간적 틀을 고려하여 제시된다. 단순한 예로는 '50가족 중 25가족이 주 5회에 달하던 부적절한 체벌을 2회 이하로 줄이고 적어도 6개월간 개선된 상태를 유지하는 것'을 들 수 있겠다.

이러한 개념이 비영리 분야의 환경에서 어떻게 적용되는지 이해를 돕기 위해, 지역사회의 직업교육 프로그램을 생각해 보자. **투입**은 프로그램에 등록된 사람, 프로그램 담당자가 현장에서 발휘하는 전문성 및 실제로 제공한 서비스이다. 여기서는 어떻게 이력서를 작성하고 채용면접에 임하고 직장을 얻을 것인가에 관한 6주 교육 프로그램을 말한다. 각 교육 내용별 과정session의 수, 교육 참여자들에게 할애되는 직원들의 상담시간, 시설 및 교재 등과 같은 것들도 포함될 수 있다.

산출은 교육을 마치고 수료증을 받은 청년들의 수이다. 이 사례에서 당해년도 교육을 마친 사람의 수는 100명이다. 이런 서술은 **아웃컴**이라는 관점을 만족시키지 못한다. 대부분의 경우 이와 같은 교육 프로그램의 목적은 **그저** 과정 이수자를 배출하는 것이 아니기 때문이다. 이 프로그램은 사람들이 직업을 얻고, 최소한의 기간 동안 직업을 **유지**하도록 설계되어 기금을 제공받았다. 이것이 프로그램에서 **아웃컴**을 기술하는 방식이다.

이제 이 사례의 시행**목표**를 프로그램 이수자 100명 중 75명이 직업을 얻는 것이라고 가정해 보자. 이것으로 충분한가? 이 사례에서 100명의 이수자 중 75명이 직업을 갖게 되는 것이라는 목표를 세운다면, 이는 맥도날드에서 단 하루만 일한 뒤 그만두거나 해고당해도 충족될 수 있다. 얼마나 오래 일을 계속하는가 하는 조건을 언급하지 않는다면, 단 1~2주의 고용만으로도 프로그램을 성공이라 평가할 수 있을 것이다. 그러나 목표를 100명 중 75명의 이수자가 주당 35시간, 시간당 최소 8달러 이상의 임금을 받으며 최소 6개월 이상 직업을 유지하는 것으로 설정하면, 프로그램의 잠재적 영향력은 확연히 달라진다.

앞서 언급했던 가상의 지역개발단체 '리버베일'과 '힐스데일'의 사례로 돌아가서, 위에서 제시한 용어들이 공공의 지원을 받는 단체에 어떻게 적용되는지 살펴보자.

- **투입**: 세입자 지원, 자금관리 서비스, 주택보수를 제공하는 주거개선 실무자와 지역조직 활동가.
- **산출**: 신규 및 개축된 주거단지를 창출하고, 세입자를 위한 주거지원 서비스를 제공함.
- **아웃컴**(성공의 비전): 저소득층 가정들이 개선된 주택을 얻어, 적어도 12개월간 지역사회의 기준에 적절한 주거

환경을 유지하면서 생활함.

- **효과** : 개선된 주택을 공급함으로써 축적된 효과가 나타나고, 각 가정에서 유지보수와 청결 기준을 높이려는 노력을 벌여 지역가치가 상승함.
- **목표** : ① 1년간 30가구가 새롭게 보수된 아파트로 이사함. 전년도 15가구에서 증가함. ② 전년도 15가구 중 10가구가 월세 미납으로 인한 퇴거 위협이나 유지관리 규정 위반 없이 12개월간 주거상태를 유지함.

이 사례에서 **목표**, 특히 두 번째 목표는 단체가 그저 주택보수 서비스를 넘어, 12개월간 세입자들이 제때 월세를 내고 기준에 부합하는 주거 환경을 유지할 가능성을 높이기 위한 서비스를 제공하게 만든다. 독자들은 이러한 목표나 아웃컴이 암시하는 변화가 서비스 제공자와 프로그램 기부자들에게 미칠 중대한 영향력을 이해할 것이다.

아웃컴 프레임워크와 아웃컴 씽킹의 힘과 논리구조를 밝히려는 사례로, 앨런 슈위처Alan M. Schwitzer 박사의 연구가 있다. 슈위처는 올드도미니언대학의 다든교육대학 교육리더십 및 상담학과의 부교수로, 학내에서 학생 서비스의 아웃컴을 측정하는 방법으로서 '효과 프레임 사슬'The Chain of Effects framework[1]을 개발했다. 이는 마이클 퀸 패튼의 '활용 중심적'utilization-focused

접근[2]을 이용해서 평가연구를 위한 아웃컴 측정의 3단계 방법론을 고안한 것이다. 이 방법론은 효과적인 프로그램은 명확한 행동평가이론에 기반을 두어야 한다고 가정한다. 행동평가이론은 그 단계를 제대로 따라간다면 성공에 도달하게 되는 '목표 사슬'chain of objectives과 논리적으로 연결되는데, 이 사슬은 3단계의 목적goal을 바탕으로 한다.

- 시행단계에서 아웃컴의 목적: 프로그램 시행과 참여한 학생들이 겪는 핵심적 경험에 중심을 둠.
- 중간단계의 목적: 프로그램 참여 이후 학생들의 행동, 태도, 상태 및 지위 등에서 나타난 특정 변화를 포착함.
- 최종단계의 목적: 프로그램이 장기적으로 학생들에게 미친 효과와 긍정적 변화를 가리킴.

이러한 목적들goals은 각 목표들objectives의 질서정연한 연결고리와 우연한 연결 세트를 만들어 내도록 연결되어 있다. 이러한 질서에 따르면 **시행단계의 목적들**을 성취해야 **중간단계의 목적들**을 성취할 수 있다. 이는 **최종단계의 아웃컴**을 성취하는 전제조건이다. 이것이 바로 '효과 사슬'chain of effects이다.

이러한 접근법을 앞서 말한 '리버베일'과 '힐스데일' 지역사회 개발 프로그램의 사례에 적용해 보자. 이 프로그램의 아웃컴(성공의 비전)은 다음과 같았다.

"저소득층 가정들이 개선된 주택에 살고, 적어도 12개월간 지역사회의 기준에 적절한 주거 환경을 유지하면서 생활함."

- 우선, 프로그램의 요구조건에 맞고 프로그램이 하려는 바를 이해하고 있는 대상자를 끌어들여야 한다. 이는 말처럼 단순하지 않다. 많은 저소득층 가정들이 원하는 것은 방이나 거실의 부족을 즉시 해결하는 것이기 때문이다. 그러나 프로그램들이 의도하는 아웃컴에 대해 대상자의 동의를 얻어 내지 못한다면, 성공의 가능성은 크게 줄어든다. 따라서 적절한 대상자들을 찾아내고, 이들이 프로그램 목적과 그 아웃컴을 믿게 하는 것이 슈워처가 말한 시행단계의 아웃컴 목적에 해당된다.
- 다음으로 프로그램 실무자는 향상된 주거 환경을 '지속적으로 유지한다'는 프로그램의 최종적 아웃컴을 향해 대상자가 움직이도록 돕기 시작해야 한다. 등록부터 기본적인 재정관리, 유지관리 기술 등에 대한 교육과정을 이수하기까지, 주거를 활용하는 과정 전반에서 도움을 주는 것이다. 여기에서 실무자들은 주거에 대한 대상자들의 요구사항이 가족관계, 직장 및 제반 서비스 시설과의 거리 등과 관련이 있다는 점을 이해해야 한다.

슈위처가 중간단계의 목적이라고 부른 이러한 과업의 성취는 아웃컴 관점에서의 성공으로 나아가는 데 필수적이다. 주거단지의 개축이나 신축과 같은 일들이 중간단계의 목적에 추가된다. 이는 특정 '효과 사슬'의 관점에서 보면 커다란 진전이고, 때로는 주거 프로그램에 대한 관심과 자원을 증가시키는 역할을 하기도 한다. 그러나 주거단지 개축이 프로그램의 성공으로 가는 중요한 단계라 할지라도, 그 자체가 아웃컴을 성취했다는 의미는 아니다. 슈위처의 프레임워크에서 이 단계를 성취하고 프로그램 대상 가정이 변화하도록 돕는 것은 중간단계의 목적 또는 장기적 관점에서 긍정적인 변화로 가는 열쇠이다. 그러나 여전히 아웃컴에는 도달하지 못했다.

- 일단 주거가 정착되면, 실무자들이 고려해야 할 일들이 생긴다. 12개월간 '지속적으로 유지하겠다'는 목적을 성취하려면 이전 단계의 목적을 이루기 위해 요구되던 것보다 훨씬 많은 일들을 해야 한다. 프로그램이 생각하는 '장기적 관점에서의 긍정적인 변화'는 때때로 지연되기도 하고, 그들의 상황에서는 생각지도 못했던 위기를 맞거나, 변화에 대처할 재정관리 기술을 알려 달라며 즉각적으로 추가요구를 하는 경우도 있어 어려움을 겪는다.
- 이러한 상황에서 '장기적 관점에서의 효과'long-term impact

는 주변 환경의 개선여부 검증, 아이들의 학습성과나 가정의 안정감을 나타내는 지표 활용 등 가정생활에서 측정 가능한 긍정적 누적효과들의 기록을 포함한다.

비영리의 실무자이기도 한 슈위처는 아웃컴 씽킹의 사용효과가 그저 아웃컴에 집중해서 비전을 만드는 것에만 있지 않다고 주장했다. 대부분의 경우 아웃컴 씽킹은 내적으로 연결된 각 부분과 단계 및 단계별 기대치라는 시스템을 따른다. 이후 단계의 목표들은 선행단계의 목표가 충족되지 않으면 성취할 수 없다. 궁극적 성공은 초기단계의 성공여부에 따라 달라진다. 마찬가지로 그의 연구는 효과적인 아웃컴 씽킹이 단지 진행단계상의 연결만을 상정하는 것이 아니라, 프로그램 전반을 제대로 설명하고 펼쳐 보이는 것이라고 말한다. 즉, 더 작은 질문들, 예컨대 저소득층 가정이 새 집을 얻은 다음에 필연적으로 맞이할 어려움에 대비하도록 도우려면 어떤 기술이 연속적으로 필요한지에 관한 질문을 제기하고 그에 답하는 것이다. 이러한 질문은 대체로 더 큰 관심을 끄는, 이를테면 한정된 예산과 일정 내에서 어떻게 질이 낮은 주거를 개선할 수 있을지에 대한 큰 질문들 사이에서 누락되기 쉬운 것이다. 뒤에 나올 아웃컴 모델에 관한 논의를 통해, 독자들은 이러한 중간단계의 이슈들을 고려할 때 효과적으로 활용될 수 있는 아웃컴 씽킹의 중요한 면모를 확인하게 될 것이다.

아웃컴 이슈를 다루는 방법과 이를 기술하는 언어는 실로 다양하다. 앞서 기술한 것 외에, 유용성이 이미 입증된 2가지 접근방식에 대해 이야기하려 한다. 첫 번째는 **도구적** 아웃컴과 **궁극적** 아웃컴을 구분하는 것이다. 1981년 로젠Rosen과 프록터Proctor가 처음으로 사용한 이 접근법은,[3] **궁극적** 아웃컴을 프로그램에 처음 착수할 당시의 목표로 정의한다. 빈곤 감소, 모든 아이들에게 성공적인 학습보장 등이 통상적인 예가 되겠다. 이와 관련해 실업자들이 최저임금 이상과 복지혜택을 받으며 장기적인 일자리를 얻고 이를 유지하는 것은 **도구적** 아웃컴이 된다. 학년 수준에 맞게 글을 읽을 줄 아는 4학년 아이들이 증가하는 것도 또 다른 **도구적** 아웃컴이 될 수 있다.

이 프레임워크는 진행의 중간 기착지intervening stages (혹은 '주요지점'milestone이라고도 함)를 세우는 것이 아웃컴에서 얼마나 중요한지를 다시 보여 준다. 이는 프로그램이 따라갈 수 있는 단계별 목표여야 하며, '궁극적 목적'의 성취와 직접 관련된다.

이를 살펴보는 또 다른 방법은 **첫 번째, 두 번째, 세 번째** 연속성을 따라 아웃컴을 고려하는 것인데, 이는 〈그림 2〉에 나타난 것과 같이 슈워처의 층위별 목표와 대략 일치한다. 주거재개발 단체의 사례를 이용해 보자면, **투입**은 노력을 지원하는 기금, 개축을 돕는 자원봉사자들, 프로그램 실무자들이 발휘

〈그림 2〉 1차, 2차, 3차 아웃컴 vs 슈워처의 층위별 목표

1차primary	직접적 아웃컴	즉각적 아웃컴	도구적 아웃컴
		↓	
2차secondary	간접적 아웃컴	중간 아웃컴	↓
		↓	
3차tertiary	효과	장기적 아웃컴	궁극적 아웃컴

하는 전문성이다. 산출은 성공적으로 보수해서 지역주민들에게 제공한 주택의 수로 기술할 수 있다. 그러나 새로 단장된 주택이라는 산출물은 불완전한 결과이다. 진정으로 추구하는 목표는 이러한 주택을 사용하는 각 가족과 관련된다. 프로그램의 초기 효과인 대상 가족의 주택거주율은 1차적, 직접적, 즉각적, 도구적 아웃컴이다. 아웃컴은 프로그램이 한 것이 아니라, 프로그램이 한 일 때문에 일어난 것이라는 점을 기억해야 한다.

심지어 여기서도 프로그램과 시스템의 장기적 효과에 대한 감각이 필요하다. 많은 일들은 즉각적인 결과물을 생산할 수 있다. 그러나 우리는 인생에서 일어나는 일 대부분에 간접적인 파급효과가 있음을 경험으로 알고 있다. 이후에 일어난 '간접효과'들은 시스템의 아웃컴이 초래한 결과로서 발생하는 것이고, 2차로 일어난 중간단계의 아웃컴이나 그로 인한 효과로 인식된다. 잘 단장된 주택에서 생활한 결과로서 더 안정된 생활을 경험하며 결속력이 강해진 가족이 하나의 예가 될 것이

다. 마지막으로 고려 및 평가되는 더 장기적인 효과가 있다. 프로그램 뒤에 존재하는 미션에 기반을 두고, **궁극적, 3차적, 간접적, 장기적** 아웃컴이 드러날 수 있다. 주거 관련 사례로 보자면, 해당 지역에 이러한 가족들이 나타나면서 높아진 지역사회의 안정성, 이들이 지역 상점을 활발히 이용하면서 발생한 경제 효과 등이 바로 장기적 아웃컴이다.

●●●●●

여기까지는 독자들이 아웃컴 씽킹의 언어를 이해하는 데 도움이 될 만한 내용이었다. 이제부터는 아웃컴 운동의 핵심에 있는 관점들perspectives과 접근법들approaches을 탐색할 것이다. 다음 장에서는 비영리 분야에서 사용하는 몇몇 아웃컴 모델과 프레임워크를 살펴보고, 이를 실제로 적용할 때 고려할 점에 대해 논의를 이어 갈 것이다.

5 비영리단체를 위한 아웃컴 모델

The Major Social Sector Outcome Models

아웃컴과 그에 기반을 둔 의사결정 방식이 대중적으로 성장하고 확산되면서, 이러한 사고체계를 함축한 여러 접근법도 함께 개발되었다는 점은 그리 놀랍지 않다. 이러한 접근법은 대개 '아웃컴 모델'이라고 불린다. 비영리 분야의 많은 이들이 이 개념에 완전히 익숙하지는 않더라도, 적어도 몇몇 모델에 대해서는 들어 보았을 것이다. 이 장에서는 여러 아웃컴 모델을 살펴보고 그 차이점과 유사점에 대해 논할 것이다.

프로젝트 로직 모델

대개 '로직 모델'이라 줄여 부르는 '프로젝트 로직 모델'Project Logic Model은 오늘날 가장 광범위하게 적용되는 아웃컴 모델이다. 이 모델은 미국과 캐나다 등의 수천 군데 단체에서 활용되고 있다. '유나이티드웨이오브아메리카'United Way of America나 '켈로그재단'Kellogg Foundation이 제안한 모델로, 주어진 프로그램을 위해 '누구와', '무엇을', '왜' 해야 하는지에 대한 로드맵을 다이어그램으로 보여 준다.[1] 이은 다음의 개념과 용어들을 포함한다.

- **목표 집단(들)** target group(s) : 프로그램을 수용할(프로그램의 대상이 되는) 개인, 단체, 또는 지역사회.
- **자원**resources: 목표 문제의 해결을 위해 필요한 것. 인력, 자원봉사자, 물리적 자원, 재정적 자원, 대상 집단에 필요한 정보 등.
- **활동**activities: 프로그램의 아웃컴을 달성하기 위해 요구되는 활동단계들.
- **요소**components: 교육, 비영리 마케팅 등 개념상으로 관련 활동을 하는 단체들.
- **아웃컴 또는 목표**: 활동, 진행과정, 중간단계 및 장기적인 결과로 나타난 변화 및 이익.

〈그림 3〉 전형적인 프로젝트 로직 다이어그램의 예[2]

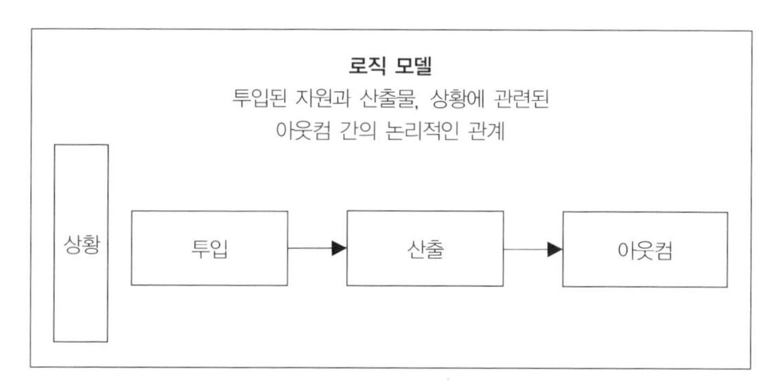

몇몇 로직 모델은 프로그램 목표가 이루어졌는지를 평가할 목적으로 **지표들**indicators을 포함한다. 〈그림 3〉은 전형적인 프로젝트 로직 다이어그램의 예이다.

1998년 '켈로그재단'이 발간한 평가 안내서에는 로직 모델에 대해 다음과 같이 다양한 이익들benefits을 언급한다.

- **프로그램 기획단계의 이익** : '켈로그재단'에 따르면, 실무자들은 로직 모델을 이용할 때 아웃컴에 더욱 집중하고, 중간단계의 아웃컴을 장기적인 아웃컴에 더 잘 연결한다. 또한 개별 활동과 프로세스상에서도 프로그램 가설과 아웃컴을 신경 쓰게 된다. 프로그램 로직 모델을 구성하는 과정을 통해 프로그램에 대한 생각을 체계화할 수 있다. 프로그램의 본 의도를 명확하게 인지한 상태에서 진행과정

상 요구되는 적응적 변화adaptations를 검토할 수 있게 된다.

- **프로그램 진행 중 중간평가를 위한 기반 구축 :** 켈로그재단은 프로그램이 바람직한 아웃컴을 위해 어떻게 계획되었는지를 로직 모델이 설명한다고 주장한다. 이로써 실무자들은 프로그램을 만들 때 세웠던 초기 가설이 맞았는지 확인하기 위해 프로그램의 진행과정 중 어느 지점에서 평가를 시행해야 하는지 알 수 있다. 켈로그재단의 로직 모델은 무슨 일이 일어났는지, 어떤 점에서 효과가 있었고, 어떤 점에서 효과가 없었는지, 누구를 위해 프로그램이 진행되었는지를 보기 위해 모델에 배치된 단계별 세부활동을 평가하는 데 초점을 맞춘다. 평가팀은 모델을 통해 어느 지점에서 실패했는지, 또는 어디서 처음 의도대로 시행하는 것에 실패했는지를 발견할 수 있다.
- **눈에 보이지 않거나 장기적인 아웃컴을 지향하는 복잡한 계획을 평가하는 데 효과적인 접근 :** 이 모델은 장기적이고 눈에 보이지 않는 아웃컴을 달성하기 위해, 중간단계에서 측정이 보다 용이한 아웃컴을 상정할 수 있도록 한다. 이를 통해 복잡한 계획의 진행을 도표화하고, 새로운 정보에 근거한 개선을 효과적으로 할 수 있게 된다.

로직 모델의 형태에서 화살표의 방향은 각 요소들 사이의 인과관계를 나타낸다. 이 방향은 또한 모델의 '논리구조'logic가 담긴 방향이기도 하다.

일반적으로 로직 모델에는 3가지 유형이 있다. 첫 번째는 **아웃컴 모델**로, 단기적 목적을 통해 장기적 목표로 가는 경로를 보여 준다. 때때로 단계step 모델 또는 마일즈스톤milestone 모델로 불리기도 하는 이 버전은 장기적이고 눈에 보이지 않으며 측정하기 힘든 아웃컴을 표현하는 데 유용하다.

두 번째 유형은 **활동 모델**이라 불린다. 이는 과정에 초점을 맞춘 것으로, 다양한 활동들의 관계를 보여 준다. 특히 선행사건과 결과 간의 관계를 표현하는 데 적당하다. 프로그램의 효과가 순차적으로 일어나는 경우, 즉 앞의 과정이 성공해야 그 뒤의 과정도 성공적일 수 있을 때, 이 모델은 여러 층위의 활동과 다양한 파트너가 얽혀 있는 복잡한 계획을 정리할 수 있게 한다.

세 번째 유형의 로직 모델은 **이론**theory **모델**이다. 프로그램의 기반이 되는 가정을 설명하기 위해 이론들을 연결해서 보여 주는 것이다. 이 모델의 목적은 특정 프로그램을 왜 그렇게 진행했는지를 설명하는 것이다. 이 유형의 로직 모델은 복잡하거나 풀어야 할 문제가 많을 때의 사업계획을 제시하기 위해 사용되는데,[3] 너무 복잡할 경우 최종 그림이 혼란스러워지기도 하고, 복잡한 화살표들 사이에서 그 안의 '논리구조'가 길을 잃기도 한다.

로직 모델을 지지하는 사람들은 이것이 프로그램의 기획과정에서 유용하다고 한다. 특히 이해관계자들의 참여를 증진시키고, 프로그램에 대한 헌신과 수용성을 높이며, 이전 사업의 평가결과를 반영하는 프로그램을 기획하는 데 유용하다고 한다. 로직 모델을 사용하여 사업을 기획하면 참여하는 사람들이 몰랐던 것을 알게 되고 서로의 차이를 협상을 통해 줄임으로써 프로그램에 대한 공통된 비전shared vision을 가질 수 있게 된다.[4] 로직 모델은 프로그램이나 단체가 지속적으로 수행하는 중요 업무에서 많이 사용된다.[5]

로직 모델이 유용한 도구라는 점, 특히 프로젝트의 초기단계에서 유용하다는 점은 부인하기 어렵다. 로직 모델은 기부자, 이해관계자, 실무자가 프로그램의 목적을 한눈에 파악할 수 있게 한다. 또한, 단체나 프로그램이 원하는 결과를 만들기 위해 필요한 과정과 자원의 흐름을 종합적으로 보여 줌으로써[6] 프로그램의 성공을 위해 성취해야 할 이벤트 사슬(인과적으로 이어진 일이나 사건의 연속)을 명확하게 보여 준다. 나아가, 새로운 변수가 발견되거나 프로그램 참여자가 늘어난 경우에도 쉽게 수정이 가능하다.

이 모델은 넓은 시야로 프로그램을 설명하는 데는 가장 좋은 방법이라 할 수 있다. 그러나 몇몇 한계점도 있다. 우선 실제 현장에서 이슈나 사업의 과정이 비선형적으로 이루어지는 경

〈그림 4〉 로직 모델에서 인과관계의 연결[7]

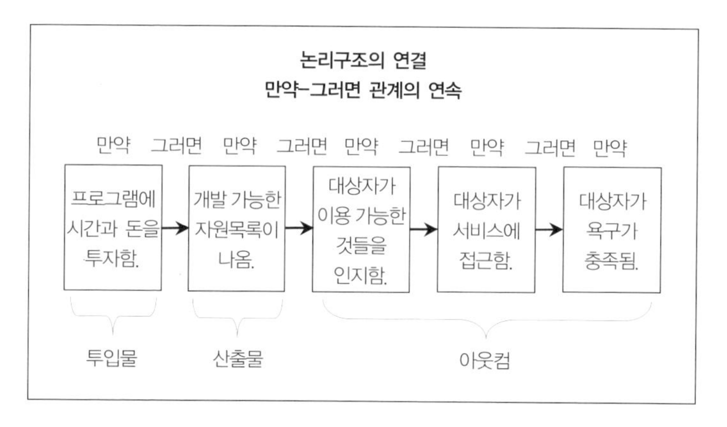

우에도 선형적인 관점(A→B→C …)으로 바라본다는 것이다. 현실에서 프로그램은 종종 순환형태로 진행되지만, 로직 모델 내에서는 이를 표현하기 어렵다.

모델 내에서 화살표로 설명되는 인과관계는 '만약-그러면' if-then 로직 모델의 핵심 구성요소이다. 이는 모델의 가설도 포함한다. 〈그림 4〉를 살펴보자.

"**만약** 대상자가 어떤 자원들을 이용할 수 있는지 인지했다고 하자. **그러면** 원하는 서비스에 접근하고 욕구를 충족시킬 수 있을 것이다." 이 진술에서 중심이 되는 가정은 대상자가 이러한 서비스들에 **접근할 것이라는** 점이다. 다양한 요인들, 예컨대 대상자의 서비스 접근을 방해하는 무기력감 같은 것은 계산되지 않는다. 로직 모델은 **예상되는** 아웃컴에만 초점을 둔다.

다양한 요인들의 영향을 받아 우연히 발생한 결과물로 만들어진 아웃컴은 이 모델에서 다루지 않는다. 결정적으로 로직 모델은 이 프로그램 자체가 옳은 것인가와 같은 근본적인 질문은 하지 않는다.[8]

복합적이거나 비선형적인 것을 로직 모델에 담을 수 없는 것은 아니다. 그러나 억지로 담으려 하면 미클스웨이트Micklethwait가 "판독할 수 없다"고 비판했던 상황에 빠질 수 있다.[9] 왜냐하면 '논리구조'는 더 많은 변수나 단계를 포함할수록 점점 더 따라가기 힘들어지기 때문이다.

로직 모델은 단체가 목표와 폭넓은 전략을 세우는 데 도움이 된다. 그러나 구체적 실행방법을 모색하는 데는 대체로 도움이 되지 않는다. 로직 모델은 이를 위해 만들어진 것이 아니기 때문이다. 로직 모델에서의 세부사항이란 '조직이나 프로그램으로 들어가는 주요 아이템을 파악하고, 투입된 자원과 그 결과 나온 다양한 산출물, 전반적인 이익과 효과(또는 아웃컴), 대상이 된 집단 등을 알 수 있는 정도'이다.[10] 이런 점 때문에 모델의 사용처가 제한적이다. 즉, 비영리단체 대행사나 후원기관을 위한 사업의 관리도구로 사용하기에는 적절하지 않다. 로직 모델에는 세부과정을 점검할 수 있는 요소가 없다. 〈그림 5〉에 나온 '제일 중요한 건 제일 먼저 하기'First Thing First 도표에서, '학생 참여가 증가했다(C_1)'는 데 성공했다면 단체는

〈그림 5〉 '제일 중요한 건 제일 먼저 하기' 학교 개혁 이론의 변화[11]

E. 변화를 위한 조건과 역량 형성.
학교 개혁에 대한 교육 이해관계자들의 이해와 지식, 참여와 헌신을 구축함.

↓

D. 학교 개혁 시행.
학생들을 위한 주요사항.
- 핵심적인 설명으로 성인 1인당 학생의 할당률을 낮춤.
- 지속적인 보살핌을 제공함.
- 높고 명확하고 공정한 교육적 행동 기준을 세움.
- 학습하고 활동하고 인정받을 기회를 풍부하고 다양하게 제공함.

성인들을 위한 주요사항.
- 지시를 수행할 모든 실무자들에게 준비를 갖춰 주고 격려하고 기대감을 불러일으킴.
- 활용 가능한 자원을 융통성 있게 배분함.
- 학생들의 아웃컴을 위한 공동 책임감을 확인함.

↙ ↘

C_1. 학생을 위한 지원과 기회를 늘림.		C_2. 학교에 있는 성인들을 위한 지원과 기회를 늘림.
지원을 받은 학생들의 경험. ↓ 자신과 학교에 대한 학생들의 믿음. ↓ 학생들의 참여.	→ ←	지원을 받은 성인들의 경험. ↓ 자신과 학교에 대한 성인들의 믿음. ↓ 성인들의 참여.

↓

B. 교육적 아웃컴의 변화.
학생들의 활동성과와 헌신.

↓

A. 성인이 될 청소년들을 위한 아웃컴 향상.
경제적 자립.
건강한 가족과 사회관계.
훌륭한 시민의식 실천.

이를 어떻게 이해해야 할까? 얼마나 많은 학생이 참여해서 '학생들의 활동성과'가 어떻게 높아졌는지(B), 도표에서도 모델에서도 알 수 없다. 이 문제의 근본원인은 '학생 참여' 자체가 행동을 나타내는 용어로 분명하게 정의되지 않았기 때문이다. 학생들 대부분이 매일 학교에 출석하여 주어진 과제를 제 시간에 제대로 수행한다면 '학생 참여'가 잘 되고 있는 것인가?

다른 아웃컴 중심 방법이 그렇듯이 로직 모델도 가설에 기반을 둔다. 이 모델은 **예상되는** 이벤트 사슬을 바탕으로, 프로그램이 무엇을 이루고 어떤 효과를 발휘할 것인지 **예상되는** 것을 그려 낸다.[12] 〈그림 5〉의 사례에서 학생들의 참여는 늘어날 것이라고 가정했다. 그러나 모델에서는 **어떻게** 그런 변화가 일어나는지 전혀 언급하지 않는다. 밀워키 주의 '유나이티드웨이'에 따르면 로직 모델 프로그램은 만들고자 하는 변화에 **프로그램이 이론적으로 어떤 효과를 발휘하는지**를 시각적으로 보여 주는 것이다.[13] 여기서 강조된 **이론적**이라는 점이 로직 모델의 핵심적 한계이다.

다시 말해 로직 모델은 연결고리 방식으로 프로그램이 무엇을 이루고자 하는지를 보여 주는 단순한 그림이다.[14] 즉, 프로그램의 목적을 달성하는 데 필요한 활동에서 시야를 넓혀, 프로그램을 뒷받침하는 이론을 설명하는 것이다.

'예방기술 도입을 위한 서부지역센터'Western Regional Center for

the Application of Prevention Technologies에 따르면 "프로그램은 유용한 로직 모델을 세우기 위해 다음 질문들에 답해야 한다".

- 우리가 줄여야 하는 위험요소와 활성화시켜야 하는 보호요소가 무엇인가? (목적)
- 어떤 서비스와 활동을 제공할 것인가? (활동)
- 프로그램에 참여하고 그 영향을 받는 사람들은 누구인가? (대상이 되는 집단)
- 이러한 활동들은 기대되는 아웃컴을 어떻게 이끌어 낼 것인가? (변화이론* 또는 '만약/그러면' 서술방식으로 작성)
- 프로그램/활동이 제공되었을 때, 개인, 조직, 지역사회에서 일어날 즉각적인 변화는 무엇인가? (단기적 아웃컴)
- 궁극적으로 프로그램이 만들려는 변화는 무엇인가? (장기적 효과)[15]

모델의 '논리구조'는 프로그램의 '변화이론'과 '만약/그러면' 서술방식, 그리고 '예상되는' 변화나 아웃컴을 바탕으로 표현

---

* 〔옮긴이 주〕 변화이론Theory of Change은 비영리와 정부, 공익사업 영역에서 사회적 변화를 촉진하기 위해 사용하는 기획, 참여, 평가의 방법이다. 변화이론은 장기적 목적을 정의하고 그것을 이루기 위해 필요한 사항을 역으로 배치시키며 작성되는, '원하는 상태로 나아가기 위한 지도'라고 이해할 수 있다.

된다. 그러나 스폭Spock이 관찰한 바와 같이, 이 모델은 듣기에만 논리적이며 실제로는 그 체계에 결정적인 한계가 있다.

그럼에도 로직 모델이 평가의 도구로 유용하다는 사실에는 의심의 여지가 없다. 프로그램이 이전에 정한 특정한 목적에 집중하여, 이러한 목적이 어느 정도 달성되었는지를 측정하기에 용이하기 때문이다. 과거에는 대상자들이 얻은 실제 이익을 말하는 데 어려움을 겪었던 기관들도 이제는 로직 모델에 기반을 둔 평가방법을 활용하여 다음과 같이 말할 수 있게 되었다.

- 254명의 대상자 중 87% 이상이 목표 삼은 영역에서 향상된 능력을 보였다.
- 참여한 청소년 274명 중 85%가 최소 1년간 읽기와 수학 능력에서 진전을 보였다.
- 스카우트Scouts에 참여한 8,540명 중 절반 이상이 지역 서비스 활동에 참여하여 955개 프로젝트를 완수했다.[16]

그렇다면 로직 모델을 활용해야 하는 사람은 누구인가? 기부자로부터 로직 모델을 쓰라는 요구를 받은 기관은 반드시 이를 이용해야 할 것이다. 또한 아웃컴 씽킹의 초기단계에 있는 단체라면, 아웃컴 프레임워크의 기본 개념을 쉽게 배울 수 있다는 점에서 권장할 만하다. 복잡한 진행과정을 더 단순하고 한눈에 들어오게 보여 줄 필요가 있을 때에도 유용하다. 루이지애나 주의 교육부 프로그램인 '루이지애나 챌린지'Louisiana Challenge는 루이지애나 주 내의 학교에서 학생들의 기술적 준비상태technological readiness를 끌어올리는 과정을 설명하는 데 로직 모델을 사용하였다.

분명, 학교에서의 준비상태를 향상시키고 직업세계 진출을 대비하는 것을 고려하여 커리큘럼을 개발하는 일은 매우 복잡하다. 로직 모델이 이러한 복잡함을 무시하는 것은 아니다. 로직 모델은 사업의 진행과정에서 나타나는 세부요소들에 매몰되지 않고 이른바 '큰 그림'을 포착하여 전달한다는 점에서 장점을 갖는다. 이는 많은 과제들에 적합한 모델이고, 분명 권장할 만하다.

균형성과표

아웃컴 씽킹의 가족 계보도에서 로직 모델이 자신이 뻗어 나온 평가연구들과 매우 유사한 모습을 보인다면, 균형성과표 Balanced Scorecard: BSC는 아웃컴의 유전자에 새겨진 기업경영이론의 전형적 특징을 나타낸다. 이는 공공성을 띠는 비영리단체의 결과지향적 프레임워크로서 사용되는 경우가 늘어나긴

했지만,[17] 근본적으로는 영리기업에서 새롭게 제기된 요구를 다루기 위해 디자인된 아웃컴 모델이다.

로버트 캐플런Robert S. Kaplan과 데이비드 노턴David P. Norton이 만든 BSC는 1990년대 중반 '노턴 연구소'Norton Institute의 연구에서 시작되었다. 이 연구는 기존의 성과측정법이 주로 재무회계에 의존하기 때문에 문제가 된다는 인식에서 시작되었다. 캐플런과 노턴은 점차 더 복잡해지는 경영 환경에서 기존의 측정법은 미래 경제가치 창출을 위한 비즈니스 조직의 역량에 방해가 된다고 결론 내렸다.[18] 문제는 ROI, ROCE, P/R 등 기업 관리자에게 유용한 다양한 측정법이 있음에도, 결국 다들 얼마를 벌었는지에만 초점을 맞춘다는 것이다. 다시 말해 다양한 방식으로 똑같이 돈이라는 변수만을 검토한다는 뜻이다. 더 비관적으로 보자면 기존의 성과측정법은 여전히 과거의 성과만 측정할 뿐, 미래의 활동이나 성장을 위해서는 어떤 지침도 주지 못한다.

캐플런과 노턴은 다양한 변수들이 관리되고 계산되어야 한다는 점을 지적하며 통찰력을 보인다. 그들은 타블로 드 보르Tableau de Bord와 같은 프랑스식 아웃컴 접근법들이 각 변수들을 병렬적으로 제시하는 것만으로 충분하지 않다고 했다.[19] 이 타블로 방식은 여러 장치의 작동 정도를 보여 주는 '측정기', 즉 계기판에 지나지 않는다는 것이다. 이런 접근은 각 변수들 간의 내부적 관련성을 설명하지 못한다. 캐플런과 노턴은 조종석 계기판보다는 비행 시뮬레이터와 같은 방식의 모델이 필요하다고 주장했다. 즉, 다양한 측정도구를 사용하면서 복합적이고 우연한 진행과정을 반영할 수 있는 모델, 모든 요소가 지속적으로 상호 영향을 주고받는 전체 그림에 포괄되는 모델이 필요하다는 것이다.[20]

이것의 목표는 완전히 새로운 성과측정 모델을 개발하는 것과 다르지 않았다. 저자들은 BSC를 단지 성과만 측정하는 도구라기보다는 조직 내부의 소통과, 장기 목표/전략과 조직의 일치를 위한 '관리운영 전략'[21]으로 보아야 한다고 했다. 다면적 평가틀로 알려진 BSC는 관리자들이 개별적이면서도 서로 연결된 다음의 4가지 관점을 동시에 고려하면서 조직의 성과를 볼 수 있는 도구이다.

- 고객 관점: 고객들이 우리를 어떻게 보는가?
- 내부 역량의 관점: 우리는 어떤 점에 뛰어난 면모를 보여야 하는가?
- 혁신과 학습의 관점: 우리는 지속적으로 발전하고 가치를 창출할 수 있는가?
- 재정적 관점: 회사의 소유자 및 주주들은 우리를 어떻게 보는가?[22]

이 모델이 말하는 '균형'balance은 단기 및 장기 목표, 재정 및 비재정적 성과, 선행 및 후속 지표, 성과를 측정하는 일과 성과를 위한 동력을 부여하는 것, 그리고 외부 및 내부적 성공 간의 균형이다.

성과표Scorecard는 전략이란 특정 원인-결과에 대한 가설이라는 전제에서 출발한다. 제대로 만들어진 계획은 아웃컴 측정과 그 아웃컴을 만드는 동력 사이의 인과관계에 대한 가설을 명확히 제시해야 한다.[23]

원래 이 모델은 조직의 장기적 전망을 측정하고 영향을 미치기 위해 만들어졌다. 따라서 성과표는 전략적 목적을 강조하고, 목적과 성과측정을 연결함으로써 조직이 의도와 취지대로 나아가게 하는 것을 강조한다. 성과표는 관리의 초점을 단기적 목표에서 장기적 성과 지속을 위한 이슈로 확장시키도록 하고, 관리자가 전략적 의도를 실현시키는 데 필수적인 역량들(성과 추동 동력들)에 집중하게 한다. 실행동력을 강조한다는 점이 BSC가 다른 아웃컴 프레임워크와 구별되는 특징 중 하나이다. **성과표**는 우리가 어떤 방향으로 가고 어떻게 갈 것인가의 문제만이 아니라, 그러한 노력이 요구하는 내부역량에 집중하기 때문이다.

아웃컴 씽킹 자체가 특정한 원리tenet에 기반을 두듯이, 성과표도 몇 가지 기본 가정에 토대를 둔다. 이 모델은 원래 기업구조에 적용할 목적으로 설계되었지만, 아래의 기본적 명제들을 살펴보면 정부나 비영리조직과도 관련이 있음을 알 수 있다.

- **명확한 전략적 비전만으로는 충분하지 않다.** 드러커는 조직의 방향을 설정할 때 미션에(만) 의존하는 경향을 수차례 비판하였다. BSC의 접근방식도 마찬가지로 전략적 비전과 장기목표만으로는 조직의 실제운영을 위한 지침을 줄 수 없다는 입장을 견지한다.
- **전략적 비전을 세운다 해도, 각 부서와 개인이 당면한 운영상의 목표를 세우는 데는 거의 효과가 없다.** 너무 많은 일상적 업무가 전략기획을 고려하지 않고 수행된다. 단체에서 일하는 사람들이 미션은 세워 놓고 이를 활동으로 풀기 위한 운영계획을 짜는 일은 간과한다는 드러커의 통찰을 다시 떠올려야 한다. 조직의 시간과 자원을 사용하는 일상 업무들은 알 수 없는 방향으로 흘러가 버린다. 때문에 BSC 방법론은 개인 및 각 부서의 일상 업무에 직접적으로 관련된 목표와 계획의 수준에서 사업을 기획해야 한다고 주장한다. 즉, 조직의 전략적 비전이나 미션목표를 개인과 부서가 현재 직면한 목적과 목표와 묶어 주는 구체적인 방법이 제시되어야 한다는 것이다. 또한 이 방법에 따르면, 전체 목표와의 연결성을 보이지 않는 활동

은 중단되어야 한다.

- 많은 조직이 전략적 목표수행 여부를 모니터할 수 있는 적절한 정보를 얻는 데 실패한다. 너무 많은 기관이 과거 퍼포먼스에 초점을 맞추어 인적, 기계적, 재정적 활동을 측정한다. 이들은 미래의 성공을 가늠하는 가장 확실한 척도인 '역량'capabilities을 측정하지 못한다. 목표달성 여부를 측정할 수 있는 적절한 데이터를 모아 활용하는 것은 매니지먼트의 힘든 과업이다.
- 대부분의 조직은 실수를 파악하지 못하거나 실수를 통해 배우지 못한다. 만약 어떤 목표를 달성하지 못했다면, 기존 접근방법을 바꾸거나 목표를 수정하기 위해 어떤 계획을 세워야 할지 명확하게 이해해야 한다. 불행하게도 대부분의 단체는 목표를 다시 생각해 보거나 완전히 새로운 접근법을 구성하는 것이 아니라, 이미 실패한 접근법을 어설프게 고치거나, 그냥 '더 열심히 하는' 반응을 보인다.

이에 대해, BSC는 조직적 노력과 자원사용 방향의 재설정을 위한 다음 3단계 프로그램을 제안한다.

1. 조직의 전략적 비전 및 목표, 방안, 계획, 전략 등의 구성요소들을 확인하라.

2. 조직이 하는 것과 조직이 제공하려는 것(물품 및 서비스 등)을 구분하라.
3. 전략에 초점을 둔 조직적 계획을 수립하라.
   - 모두가 이해할 수 있는 운영상의 용어operational terms를 사용하여 전략을 말하라.
   - 전략을 중심으로 조직을 연결하고 통합하여 이사회에서 현장까지 이르는 '조준선'line of sight을 만들어라(이사회에서 현장까지 일관된 목표를 바라볼 수 있게 하라).
   - 모든 사람이 전략수행에 기여하게 하여 전략이 모두의 업무가 되게 하라.
   - 조직적 학습과 적용을 통해 전략수행이 지속적인 과정이 될 수 있게 하라.
   - 모든 단계의 리더들이 참여할 수 있도록 변화의 어젠다를 제시하라.[24]

한 조직 내에서 BSC는 여러 단계의 효과를 발휘한다. 거시적 단계에서는 전체 조직을 재편성, 즉 핵심적인 목표를 위해 여러 활동과 자원사용의 방향을 조정한다. 〈그림 6〉은 이렇게 해서 이루어진 이상적 '균형'을 나타낸다.

중간단계에서 성과표는 여러 계획으로 이루어진 하나의 프로그램, 또는 한 단체의 여러 프로그램을 모니터하는 데 유용

〈그림 6〉 균형성과표의 '균형'[25]

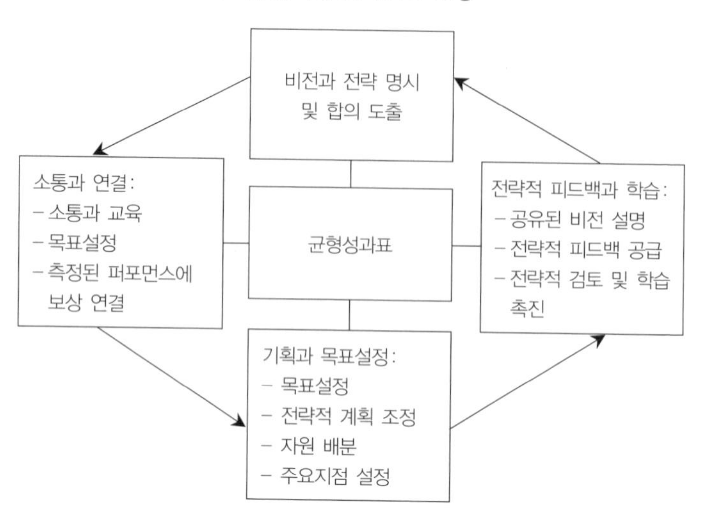

한 방법이다. 성과표의 매트릭스 시스템(BCS에서 가장 중요한 특징이라고 할 만한)을 이용해 활동, 계획, 투자 및 자원할당을 장기 전략적 목표와 단기 성과목표에 맞춰서 결정할 수 있다.

미시적 단계에서 '계획 지도'initiative map는 목표수행을 위한 동력의 크기를 측정하는 데 사용되는 매트릭스이다. 이런 매트릭스는 조직에 여러 목표를 수행하기 위한 여러 개의 계획이 있는지, 하나의 목표를 수행하는 여러 계획이 있는지, 혹은 목표달성을 위한 계획이 전혀 없는지를 보여 주기도 한다.[26] 이는 단체가 노력, 자원, 목표들을 조정하는 데 유용하게 사용될 수 있다. 이런 이유로 BSC 매트릭스는 여러 명의 파트너가 함께하는 프로젝트 관리에 유용한 모델이다. 각 참여자의 능력, 자원, 실행동력, 진행과정 등이 그림으로 그려지고 분석된다는 점에서, 성과표는 분명 강력한 도구이다.

그러나 정부나 비영리단체가 이를 사용할 때 염두에 두어야 할 점이 있다. 최근 BSC에 기반을 둔 교육이 정부와 비영리단체의 생태계에 맞추어 이루어지고 있기는 하지만, 이 모델은 근본적으로 기업 위주의 원형에서 벗어나지 못한다. 성과표 전문가가 제공하는 자료를 보면 정부나 비영리단체에 익숙한 매개변수들이 접목된 것처럼 보인다. 그러나 전체적으로 기업의 관심사와 언어가 계속해서 드러난다. BSC가 기업 대부분이 동력으로 삼는 재정요소나 실리적 관심사를 대체하고 정부나 비영리기관을 충분히 만족시킬 만한 개념으로 아직은 진화하지 못했기 때문이다.

그러나 이것이 도구를 비영리에 적용하는 실행과 그에 따른 보완이 부족한 것의 문제일 뿐이라면, 관심을 기울여야 할 점들이 있다. 첫째, 성과표는 더 크고 복잡한 조직을 위해 디자인되었다는 것이다. 성과표는 3가지 '팀들'teams (핵심core팀, 리더십leadership팀, 다양한 하부sub- 또는 결과측정measurement 팀) 의 연속적인 관여를 함께 보여 준다. 더 작은 조직에서는 이 '팀들'의 실제적인 일이 관리자 그룹에서 모두 이루어진다.

두 번째로 고려해야 할 점은 '돌파구가 되는breakthrough 퍼포먼스' 개념과 관련된 것이다. 비영리단체, 더 중요하게는 정부조직에 '돌파구가 되는 퍼포먼스'란 무엇일까? 기업세계의 변수로 정의된 이러한 목표를 어떻게 정부 및 비영리조직의 목표와 문화, 운영현실에 맞는 언어로 표현할 것인가? '높은 수행력을 보이는'high-performing 정부 및 비영리조직에 대한 연구는 영리 분야의 연구에 비하면 한참 뒤처져 있다. 영리 분야에서는 콜린스Collins와 포라Porra가 저술한 《끝까지 살아남기》*Built to Last*와 같이, 선두적인 기업을 구분하며 그 내부역학과 태도에까지 관심을 기울이는 연구가 종종 나타나지만, 비영리 분야에서는 그렇지 않다.[27] 이에 대한 해답을 찾기 전까지는 성과표의 핵심목적을 비영리 분야에 응용하는 것이 적합한지에 대한 의문이 끊이지 않을 것이다.

BSC를 활용하는 데 마지막으로 고민해야 할 점은 이를 실제 도구로 사용하기 위해 필요한 자원과 리더십의 투입이다. 이 방법은 워낙 포괄적인 접근이기 때문에, 주요 경영진 수준에서 관심을 쏟고 재정적으로나 인력 면에서나 자원을 투여해야 한다. 정부 및 비영리 조직에서는 이러한 관심과 투자 및 담당자 배치가 매우 어렵고, 특히 앞서 언급한 정부기금은 공적인 정밀감사를 요구받기도 한다.

이러한 문제들이 있음에도 성과표의 개념 및 계획 지도와 같은 일부분은 비영리 및 정부 분야에서 지극히 유용하다. 무엇보다 프로그램이나 진행과정이 복잡할 경우 계획, 핵심역량, 실행동력, 목표 간의 상호관련성을 짚어 내기 위해서 성과표만 한 도구도 드물다. 핵심적, 전략적 목표와 자원 및 활동을 함께 고려하며 조정해야 한다는 점은 BSC 개념이 중요하게 기여한 지점이다. 동시에 이 모델이 기업에 뿌리를 둔다는 점에 대한 우려도 기억해야 한다. 성과표의 기본 가정을 정부 및 비영리 분야에서 이용하며 생겨난 문제점들은 응용을 위한 추가 연구[28]와 실험을 통해 해결점을 찾아갈 것이다. 현 시점에서는 비영리단체에 이 모델을 '조심스럽게 사용하라'는 조언이 여전히 필요하다.

아웃컴 펀딩 프레임워크

1980년대 말, 렌 빅먼은 평가에 관련된 주요 방법론적 이슈에 대해 글을 썼다. 그는 아웃컴 씽킹은 프로그램 개입이 실행되기 전이자 평가단계 이전에 적용되어야 한다고 주장했다. 빅먼이 우려한 점은 만일 이미 평가가 이루어진 프로그램이 아웃컴을 기반으로 디자인되지 않았다면 아웃컴 기반의 평가가 더 어려워진다는 것이었다. 빅먼 박사는 이런 획기적인 주장을 하던 바로 그때 뉴욕 알바니Albany 쪽의 세 사람이 더 앞서 나가서, 복지서비스 프로그램human service program이 전통적으로 의존하던 기금마련 과정funding process에 아웃컴 씽킹을 적용했다는 사실을 알지 못했다. 그 세 사람은 '랜셀어빌 연구소'의 대표 핼 윌리엄스Hal Williams와 '뉴욕 주 정신지체 및 발달장애 위원회'의 위원 아서 웨브Arthur Webb, '뉴욕 주 사회복지국'의 프로그램 개발 부서장 윌리엄 필립스William Phillips이다.

이들의 통찰은 다음과 같다. 명확하게 정의할 수 있고 확인이 가능한 아웃컴을 복지서비스 프로그램의 목표로 삼는다면, 프로그램의 보증과 실행 양쪽의 관점에서 근본적인 변화가 일어날 수 있다. 또한, 재정지원을 하는 사람들을 기금의 배분에 관심을 두는 **기금제공자**funder로 보는 것에서 자산을 사회로 **환원**return하는 **투자자**investor라 여기는 쪽으로 개념이 바뀌어야 한다는 것이다. 여기서 사회에 환원되는 것은 그 투자를 통해 인간의 삶이 향상되는 것, 달리 말하자면 '결과'이다.[29]

정부기금을 받은 사람들, 즉 프로그램을 수행하는 이들에게 필요하다고 규정한 변화도 있었다. 윌리엄스가 주장했듯이, 프로그램의 목표는 **서비스를 지원받은 사람 수** 등의 용어에 고착되어 기술되곤 했다. **"그래서 무엇이 달라졌는가?"**So what라는 질문에 대해서는 생각해 보지 않은 것이다. "그래서 100가정에게 서비스를 지원했더니 어찌 되었는가? 실제로 어떻게 변화하였으며, 어떤 측면에서 발전이 있었는가?"

수혜자의 수에만 집중하는 것은 아웃컴보다는 활동 그 자체에 초점을 둔 것이다. 윌리엄스의 새로운 견해에 따르면 책임onus은 기금수령자grantee에게 있어야 한다. 이들은 사회적 요구와 이에 대한 단체의 사업계획, 그리고 목표달성시 서비스 수혜자의 삶의 변화를 가시화하여 보여 줄 사람들이기 때문이다. 사회적 지출social spending에 투자수익return on investment 개념을 적용한 것은 여러 측면에서 매우 획기적이었다. 기금의 사용에 분명한 영향이 하나 더해진 것이다.

이전까지는 규칙 **준수**compliance 여부가 사회적 프로그램을 판단하는 측정법이었다. 예컨대, 프로그램은 기금제공자들(특히 정부)이 운영을 위해서 만든, 광범위한 규칙regulations에 부합했는가? 법에 규정된 절차를 모두 따랐는가? 올바른 보고서 양식에 프로그램을 기록하고 이를 제출했는가? 모든 지출내역은 보고되었는가? 대상자들은 경제적, 인구학적, 지리적 요건에 맞는가?

또한, 많은 프로그램이 **얼마나 많은** 대상자에게 서비스를 제공했는지를 중심으로 평가되었다. '서비스 단위'unit라는 개념이 여기에서 나온다. 기금지원 기간 동안 가장 많은 단위의 서비스를 제공한 프로그램을 가장 높이 치는, 오해의 소지가 있는 계산방식이다. 이것은 **활동** 이외에는 아무것도 측정하지 못한다. 이러한 시스템에서는 진행과정이 전부이며, 결과는 대개 주목받지 못한다. 윌리엄스와 웹, 필립스는 활동에 기금을 준다면 결국 얻는 것도 활동이 수행되었다는 사실일 뿐이라고 했다.

그들은 만약 전통적인 활동이나 규칙의 준수여부를 측정하는 방식을 통해 기부자나 프로그램 관리자가 프로그램의 실제 성취를 찾고자 한다면, 그렇게 얻은 결과는 보잘것없을 거라고 확신했다. 이는 이러한 전통적인 방식을 기준으로 기금을 줄 프로그램을 선정할 수 있는가의 문제로 이어진다. 답은 물론 "그럴 수 없다"이다.

그들은 소위 사람들이 얻게 될 이익human gain return에 대한 정보가 없을 경우 예산 배정이 기금제공자의 자의적 의사결정에 전적으로 의존하게 된다는 인식에 도달했다. 이런 질문을 던져 본다고 하자. 2만 달러짜리 자동차는 비싼가? 물론 그 답은 차의 종류와 형태, 상태에 달려 있다. 말하자면 무엇을 사는지에 달려 있다는 뜻이다. 보통의 모금과정에서는 '내가 무엇을 사는가?'라는 질문에 모금된 돈이 만들어 낸 가치value나 결과보다는 돈을 쓰는 활동과 그 과정으로 답하곤 했다.

마찬가지로 기존의 기금제공자들은 대상 주민을 위해 서비스를 지원하는 것과, 결과 및 접근방식에서의 변화를 지원하는 것 사이의 차이를 구분하지 않았다. 윌리엄스와 그 동료들은 이러한 개념을 소개함으로써 결과에 기반을 둔 기획과 의사결정이 비영리영역에 적용되기에 타당하다는 것을 보여 주었다. 기금을 어디에 지원할 것인지에 대한 결정은 멋진 수사적 표현, 조직에 대한 헌신, 긍정적인 의미로 이익을 내겠다는 약속 같은 것에 근거해서는 안 된다. 윌리엄스, 웹, 필립스는 기금 지원 결정이 확인 가능한 이익산출이라는 확실한 목표를 보여 줄 수 있는 역량에 근거를 두어야 한다고 주장한다. 그리고 이는 에너지와 관련 실적을 갖춘 개인이나 개인의 집단을 대상으로 한다. 이러한 개념을 **아웃컴 펀딩**이라고 부르며, 이것의 기본은 전과 같은 복지사업의 **제안서**proposal가 아니라 **목표 중심의 기획서**target plan임을 강조하였다. 이는 기업 분야의 사업계획서에 더 가까운 형태이다. 기존의 제안서와 목표 중심의 기획서의 차이는 〈표 5〉에 나타난 바와 같다.

윌리엄스와 동료들의 이러한 깨달음은 주정부의 기금을 받아 프로그램들을 수행하며 겪은 현실적인 경험의 결과에서 기인한다. 그 프로그램들은 광범위하고 다양한 문제의 해결을 **목표로** 했으나, 실제로 무엇을 성취했는가에 대해서는 모든 이들에게 의구심을 남겼다.

그들은 목표달성을 위해 필요한 것은 익숙하면서도 불안스러운 시스템이 아니라 "시행목표에 대한 명확한 정리"라고 하였다.[30] 이는 복지 프로그램을 통해 구입, 지원, 제공되는 것이 무엇인지를 명확히 하기 위해 모든 관계자들이 노력해야 함

〈표 5〉 제안서 vs 목표 중심의 기획서[31]

제안서	목표가 있는 기획서
요구사항	시장과 고객(대상자)
목적과 목표	아웃컴과 시행목표
프로젝트 내용	생산물
작업계획	주요지점
인력계획	핵심인물
제안한 단체에 대한 자격심사	조직적 협력
구성평가	검증
품목별 예산	예산추정
후원 요청서	고객(대상자) 입증

을 의미한다. 나아가 그들은 프로그램에 대한 평가evaluation를 **검증**verification으로 바꾸어야 한다고 주장했다. 그들이 말하는 '평가'는 "**목표**달성을 측정하는 것이다. 그러나 **검증**은 **결과**가 존재함을 규명하는 것"이다.[32] 달리 말하면, 성공적인 평가는 프로그램이 그 목표를 달성했는지를 보여 주는 것이긴 하지만, 목표는 활동에 기반을 두고 있기에 진짜 **결과**는 달성되지 않은 채 남아 있을지도 모른다. 따라서 기존의 방식으로 실행된 평가 자체만으로는 충분하지 않다.

아웃컴 펀딩 프레임워크Outcome Funding Framework의 핵심은 정확한 정의definitions와 확고한 가정이 반영된 주요 용어로 구축되었다. 가장 중요한 가정들은 다음과 같다.

- 투자자와 실무자implementer 간의 파트너십이 필수적이다.
- 자금이나 계획이 아니라 사람이 일을 하는 것이다.
- 계획과 실행이 분리되어서는 안 된다.
- 성공 = 결과 + 학습.

그로부터 5년여에 걸쳐 **아웃컴 펀딩**과 아웃컴 매니지먼트 프레임워크가 함께 발전하기 시작하였다. **아웃컴 펀딩**은 프로그램이 디자인되고 기금을 받는 과정에 결과의 표준적 기준results standard을 적용한다. 한편, 일단 **목표 중심의 기획서**가 투자를 받으면, **아웃컴 매니지먼트**가 아웃컴 도구와 관점을 적용하여 프로그램의 목표성취를 돕는다.

로직 모델과 다른 아웃컴 프레임워크가 그러했듯, 아웃컴 매니지먼트도 '그러면'and then 방식의 서술(앞서 나온 '만약/그러면' 방식이 변형된 형태)과 함께 시작한다. 원하는 시행목표로 가는 일련의 단계를 세부적으로 설명하는 것이다. 그러나 프로그램의 전반적 근거를 설명하는 로직 모델과 달리 **아웃컴 매니지먼트**는 이러한 일련의 과정들이 원하는 이벤트 사슬의 어디에 있는지를 시행자들에게 확인시켜 주는 위치추적의 용도로 사용된다.[33]

목표를 향한 진행과정은 일련의 **주요지점들**milestones로 나뉜다. 이러한 지점들은 연속되는 과정 속에서 먼저 일어난 일들에 의존하게 되는 지점이다. 게다가 전통적인 **활동**은 프로그램이 무엇을 했는지에 초점을 맞추지만, **주요지점**은 대상자들의 활동 자체와 **일련의 과정을 따라온** 사람의 수에 초점을 맞춘다. 예를 들어 보자. 조직의 활동action에서 수혜자(대상자)의 반응reaction으로 초점을 옮기기 위해서는 수혜자가 바람직한 변화를 향해 발전할 수 있도록 관심을 가져야 한다. 이 관심은 **수혜자 결과**customer result가 성취되고 측정되어 확인될 수 있다면 가장 중요한 요소이다. **아웃컴 매니지먼트**는 많은 프로그램이 수혜자들의 관심과 참여에 대해 잘못 가정하고 있음을 인식하며, 수혜자를 **실제로** 만나는 것을 초기목표milestone로 제시한다.

종종 깔때기 그림으로 그려지는 아웃컴 매니지먼트는 프로그램 실무자들이 프로그램의 가설들 뒤에 있는 논리구조를 설명하는 데 도움이 된다. 이 가설들은 대상자가 프로그램 시작 때의 상태로부터 성공적인 상태, 행동, 지위로 가는 경로에 대한 것이다. 〈그림 7〉은 **아웃컴 매니지먼트** 깔때기의 전형적인 모습을 보여 준다.

주요지점에 관한 이 그림은 아웃컴의 핵심요소들을 보여 준다. 첫 번째는 원하는 목표(6개월간 취업상태를 유지하는 것)로 대상자를 이끌기 위해 필요하고 확실히 성립된 단계 또는 주요지점이다. 주요지점은 모든 프로그램이 전제하는 '그러면(어떻게 될 것이다)' 가설들을 설명한다. 두 번째는 목표 자체에 대

〈그림 7〉 전형적인 아웃컴 매니지먼트 깔때기[34]

주요지점	원하는 수	전환율
1. 정보요청	400	
2. 오리엔테이션 참석과 등록	100	4.0
3. 주간 워크숍 4/5 참석	75	1.3
4. 배운 기술 실행	50	2.5
5. 남은 과정에 4/5 참석	40	1.3
6. 모든 과정에서 배운 기술과 정보 유지	35	1.1
7. 취업, 직장생활 시작	34	1.0
8. 30일간의 일에 대한 만족스러운 평가	30	1.1
9. 6개월간 이러한 상태 유지	20	1.5

한 것이다. 목표는 단순히 모든 과정에 참석하거나 프로그램을 수료하는 것을 넘어선다는 점에 주목하라. 아웃컴 펀딩 프레임워크에서 목표는 수혜자나 대상자를 위해 지속되는 이익retained benefit이라는 요소를 포함한다. 아웃컴은 다른 어떤 모델들보다도 더 '성공이란 무엇인가'에 대한 개념에 가깝게 시작되었다. 프로그램 리더는 성공을 설명할 때, 성공이 가져오는 이익의 여러 측면이나 일회성 변화를 넘어설 수 있다는 점을 강조한다.

주요지점 깔때기에 담긴 세 번째 정보는 양적 측면이다. 상단에서 하단으로 이어지는 수의 흐름은 가상적으로 어떤 기업,

정부, 비영리 혹은 영리 기관이 만난 대상자나 수혜자 모두가 성공하지는 않는다는 사실을 반영한다. 모델이 제시하는 이런 자연감소율은 기존 제안서에서 관습적으로 제시하는 성공률 100%(혹은 그 이상)보다 훨씬 현실적이다. 대상자의 흐름을 반영한 또 다른 면모는 주요지점 사이의 관계를 나타내는 지표인 '전환율'conversion ratios을 사용했다는 점이다. 이 사례에서는 대상자 20명이 6개월간 일을 유지하기 위해 3개월간 30명(또는 150%)이 필요했다. 이러한 가정들과 수혜자의 실제 움직임을 비교하다 보면, 흐름에 대한 '계산'calculus도 점점 정확하게 개발될 것이다.

주요지점은 프로그램을 관리하는 데 유용한 도구이다. 프로그램 구성의 핵심인 '그러면' 가설의 실시간 테스트를 제공하기 때문이다. 이는 실무자를 진행과정의 모든 대상자별 단계에 따라 적용된 '그래서 뭐?'라는 함의로 끝까지 밀어붙여 아웃컴 씽킹의 힘을 강화한다. 많은 프로그램이 미지의 대상자를 다룬다는 생각으로 시작해서 그들을 찾아내고 등록하게 한다. 그러나 아웃컴 펀딩/매니지먼트 모델은 최종결과로 원하는 수와 자연감소율을 고려하며 거꾸로 접근해서, 프로그램이 이 숫자에 도달하는 데 필요한 실제 모집인원수를 제안한다. 감소한다는 것이 모델의 기본적인 가정이다. 그래서 '깔때기'인 것이다.[35]

이 그림은 프로그램 **기획자**가 얼마나 많은 사람이 어느 시점에 프로그램을 그만두는지(그리고 얼마나 많은 사람들이 프로그램을 성공적으로 만들기 위해 얼마나 많은 인원을 원하는지)에 관해 평가하는 것을 넘어서서, 미처 예측하지 못한 중도 포기 시점이 있는지를 프로그램 **관리자**가 확인하게 만든다. 예컨대 일을 하게 되리라고 예측한 80명보다 적은 50명이 실제로 직업을 얻는다면, 관리자는 즉시 어떤 문제가 있었는지 조사해 볼 수 있다. 대상자의 관심사나 기술에 맞지 않는 일이었는가? 위치나 교통편이 문제였는가? 교육과정에 빠진 기술 단계가 있었는가? 시험을 거친 뒤에 이러한 질문에 대한 답이 명확해지지는 않지만, 질문에 대해 생각해 보는 것 자체가 대부분의 프로그램이 해답을 향해 비약적으로 내딛는 한 걸음이 될 것이다.

아웃컴 펀딩/매니지먼트 모델은 프로그램과 단체가 사용하기에 많은 장점과 적용가능성이 있다. 여기에 인용한 사례들은 프로그램 구성에서부터 직원평가까지 이르는 분야에서 **목표**와 **주요지점**이 사용될 수 있는 잠재력을 모두 표현하지는 못한다. 심지어 전체적인 조직관리를 위해서는 다른 아웃컴 프레임워크를 사용하는 기관에서도, 특정 프로그램에 한해서는 이 모델을 적용하여 유용하게 사용할 수 있다.

아웃컴 펀딩/매니지먼트 모델에 약점이 있다면, 단체들이 이 모델의 가르침을 어느 정도까지 진정으로 사용하는가에 대한 것이다. 이 모델은 로직 모델보다 단체와 훨씬 더 많이 연관되어 있어, 궁극적으로는 단체의 사고방식과 체계에 깊은 변화를 불러온다. 그러나 때로는 조직의 문화, 역사, 실천과 갈등을 일으킬 수도 있다. 로직 모델은 단체들이 (비현실적이거나 결점이 있다는 것은 개의치 않고) 변화이론을 밝히고 목표달성에 따라오는 일련의 단계를 시작하게 만들지만, 아웃컴 펀딩/매니지먼트 모델은 로직 접근이 기반을 두는 바로 그 가정들에 도전한다.

로직 모델은 거의 전적으로 '만약/그러면' 방식의 서술에 의존한다. 그에 반해 아웃컴 펀딩/매니지먼트 모델은 어떻게 '만약'이 '그러면'이라는 결과를 낳는지 묻는다. 이는 더 부담스러운 접근이며, 모든 단체가 그 엄격한 태도에 쉽게 적응할 수 있는 것은 아니다. 이것이 효과를 발휘하려면 지적이고 조직적인 변화, 즉 고정관념의 변화가 필요하기 때문이다. 게다가 학습이 결과를 낳지 못하거나 변화나 응용이 그 적용과정에서 실행되지 않는다면, 이 모델을 성공적으로 적용한 것만으로는 충분치 않게 된다. 이러한 것을 단체에 요구한다는 점에서 이 모델은 유용하면서도 부담스러운 아웃컴 모델이다. 비록 엄청난 조직적 이익을 가져올 수 있다 하더라도, 로직 모델보다 더 깊은 매니지먼트 에너지의 헌신과 시간 자원을 필요로 하기 때문이다. 그러나 이 모델은 상세한 프로그램 기획과 주의 깊은 실행이라는 점에서는 우리가 발견한 훌륭한 처방전에 속한다. 결국은 모든 단체들이 선뜻 삼킬 만한 약인지 아닌지의 문제이다.

TOP

클로드 베넷이 세운 위계구조의 후속으로서[36] TOP Targeting Outcomes of Programs 모델은 1994년 베넷과 케이 록웰Kay Rockwell이 개발했다.[37] 주로 농업진흥agricultural extension 서비스에 맞게 구성된 이 모델은 말 그대로 시골지역에서 사용되기 위해 등장했다. TOP는 목표 아웃컴을 실천하기 위한 체계를 포함하고, 이루려는 목표의 진행상황을 따라가며, 어느 프로그램이 목표 조건에 영향을 미쳤는지 평가한다.

앞서 언급한 계보에서 드러나듯이, TOP는 우선적으로 프로그램 평가를 프로그램 개발과정 내에 통합하고, 기획, 실행, 프로그램 평가에서의 아웃컴에 초점을 맞춘다. 또한, 특정한 아웃컴을 목표로 삼고, 그 아웃컴 목표에 어느 정도 다가갔는지를 평가하려는 프레임워크를 따른다.[38] 이는 관리자에게 다음 4개의 기본 질문에 답할 것을 요구한다.

1. 이 프로그램을 왜 하는가?
2. 프로그램이 어떻게 진행되어야 하는가?
3. 프로그램 기획단계에서 문제해결을 위한 디자인과정이 수행되었나?
4. 프로그램이 이끌어 낸 이익은 무엇인가?

베넷의 위계구조를 활용해, TOP는 7가지 구성단계를 표현한 〈그림 8〉을 이용한다. 이 모델은 대부분의 정보, 교육, 훈련 프로그램이 2가지 방향의 7단계 체계로 표현될 수 있다고 본다. 그 체계의 각 단계는 여러 추가 가설을 담고 있다. 프로그램 개발은 왼쪽에서부터 내려가는 모델로, 프로그램 퍼포먼스는 오른쪽으로 올라가는 모델로 표현된다.

1단계에서 SEE는 개선될 필요가 있는 사회적, 경제적, 환경적 조건(또는 상황)을 나타낸다. 2단계에서 실천practice은 SEE의 조건에 영향을 미치는 행동, 절차, 움직임의 패턴이다. 개인, 그룹, 단체, 지역사회는 교육 프로그램을 통해, 요구되는 SEE 아웃컴 성취에 필요한 실행과 기술을 채택할 것이라 예상할 수 있다. 프로그램 참여자들은 관련된 지식, 태도, 기술, 열망Knowledge, Attitude, Skill, Aspiration: KASA이라는 측정법을 적용하여 이 실천practice을 도입하게 된다.

3단계에서는 사회적, 경제적, 환경적 목표 아웃컴의 성취를 위해 선택된 실행과 기술의 적용에 KASA의 특징이 영향을 미치는 것으로 보인다.[39] KASA의 변화는 사람들이 프로그램 활동 참여에 긍정적으로 반응할 때 일어난다. 4단계에서 반응reaction은 프로그램이 다루는 주제에 대해 참가자들이 긍정적 또는 부정적으로 관심을 보이는 정도, 즉 활동 리더를 따르거나 교육방식에 흥미를 느끼는 것 등을 반영한다. 실증연구에

〈그림 8〉 TOP 모델의 7가지 구성단계[40]

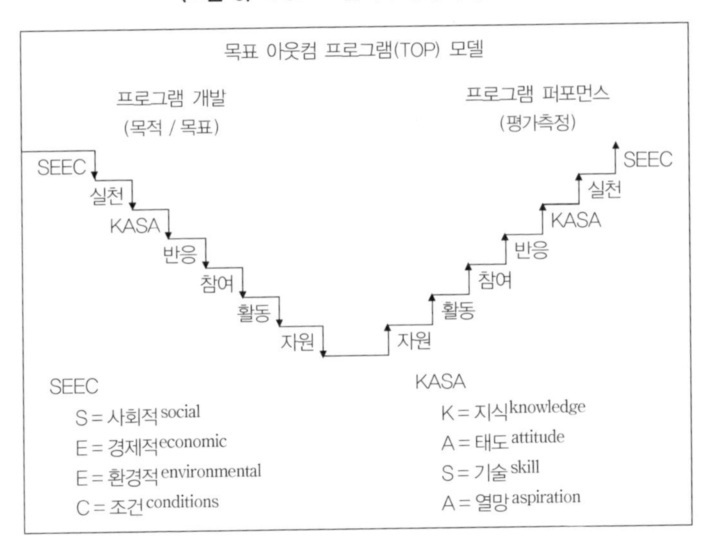

출처: 클로드 베넷&케이 록웰(1994).

서 도출된 관련 주제를 전달하는 것은 모든 참가자들의 관심을 끌 수 있다. 또한 사람들은 서로 다른 기관이나 단체에서 동시에 정보, 교육, 도움 등을 받기 때문에, 어느 한 단체에서 지원하는 활동에 대한 반응은 다른 기관이나 단체의 활동으로부터 영향을 받게 된다.

5단계에서 프로그램 참여자는 개인, 가족, 집단, 조직, 지역사회 등을 포함한다. 참여자들은 KASA를 습득하고 SEE의 조건들을 발전시키기 위해 프로그램 활동에 충분히 참여하고 있어야 한다. 프로그램 참여의 지속시간, 지속성, 빈번함, 강도는 모두 KASA 변화의 총량에 기여한다. 6단계에서 구현되는 **활동**은 대상 집단에 정보를 제공하고, 그들을 교육하고, 훈련시키는 다양한 교육적 전략과 이벤트들이다. 직접적인 개인 접촉에서부터 기술이나 대중매체를 통한 간접적인 접근까지 아우른다. 프로그램 활동은 참가자들에게서 긍정적인 반응을 얻어 내는 요건들과 KASA 및 실천을 통해 원하는 변화를 이루어 내도록 요구받은 다른 요인들에 의해 결정된다. 프로그램 활동은 프로그램 자원이 지원한다.

마지막 7단계에서 **자원**은 프로그램을 기획하고 홍보하고 시행하고 평가하는 시간, 자금, 실무자(자원봉사자 포함)이다. 또한 연구에 기반을 둔 교육자료, 조직적 유지보수, 소통기술과 교통편까지도 포함한다.[41]

진정한 아웃컴 모델로서 TOP는 즉각적, 중기적, 장기적 아웃컴을 각각 따라가는 슈워처의 아웃컴 유형 분류를 따르며, 학습을 위한 피드백 순환구조로서, 개념이 아주 명쾌하다.

TOP의 또 다른 흥미로운 측면은 평가 국면에서의 시행exercise을 진행과정 평가, 아웃컴 평가, 효과 평가로 분리한다는 점이다. 또한 이 모델은 이 3가지 활동이 서로 독립적인 책임을 부여받을 수 있다고 주장한다.

- **진행과정** 평가는 프로그램이 의도된 대로 운영되었는지를

조사한다.

- **아웃컴** 평가는 프로그램의 아웃컴 지향적인 목표가 달성되었는지를 평가한다.
- **효과** 평가는 프로그램의 아웃컴과 프로그램이 없는 상태(프로그램이 없을 때 어떤 일이 일어날 것인가를 추측함)를 비교하여 프로그램의 순수한 효과를 살펴본다.[42]

TOP의 핵심적인 힘은 프로그램 개발과 프로그램 평가를 통합하는 데 도움이 된다는 것이다. 프로그램 시행자와 관리자들은 프로그램 개발에서 사용하던 개념을 프로그램 평가에서 똑같이 사용할 수 있다.[43]

어떤 실무자들은 TOP체계의 몇몇 단계를 건너뛰려고도 하지만, 사실 TOP는 누구나 쉽게 사용할 수 있는 모델이다. 이는 다양한 복지서비스 단체에서 고려되어야 하지만, 농촌에 기반을 두고 우선적으로 적용되었다는 점 때문에 도시의 지역사회와 프로그램에는 잘 맞지 않을지도 모른다. 그러나 이러한 이미지를 살펴보고 더 진지하게 고민하는 것은 격려할 만한 일이다. 사용하기 쉽고, 아웃컴 모델로서 기능적이며, 분리해서 적용할 수도 있고, 조직 차원의 사고전환을 필수적으로 요구하지도 않기 때문이다. 동시에 이 체계는 널리 알려진 어떤 다른 모델보다도 프로그램의 점진적인 기획을 허용하고, 심지어 평가 국면을 그 이전 단계에 포함시킨다. 도시에 기반을 둔 비영리단체에도 이 모델을 공정하게 시험해 보라고 분명히 권해야 한다. 유용한 도구라는 점을 증명할 수 있기 때문이다.

결과를 위한 관리

'결과를 위한 관리'Managing For Results: MFR는 비영리영역 지향의 아웃컴 방법론으로서, 정부나 관련 이해관계자에게 의미 있는 결과를 정의하고 그것을 성취하는 데 초점을 맞춘다. 어떤 관찰자들은 MFR이 아웃컴 시스템보다 정부기관 운영방식에 더 가까운 접근법이라고 주장한다.[44] 실제로 정부기관이 전체 MFR 프레임워크 내에 또 다른 아웃컴 시스템을 포함시키는 일이 종종 있다.[45] 그러나 이 모델의 지지자들은 개념의 혼선은 있지만, MFR의 규칙을 따름으로써 단체들이 더 폭넓게 공유하고 이해할 수 있는 프레임워크 개발이 가능하다고 믿는다. 이 프레임워크는 다음을 위해 사업수행performance을 측정한다. ① 목표와 목적 설정, ② 관리, ③ 자원 배분, ④ 성과물 평가. 이런 내용들이 포함된 것을 보면 충분히 아웃컴 씽킹의 사례라고 할 만하다. 한 예로서 '연방주지사협회'National Governors Association의 MFR에는 다음과 같은 것들이 포함된다.

- 원하는 아웃컴을 만들어 낼 수 있는 전략사업을 찾아 투자할 수 있게 하는, 결과에 근거한 예산과 자원의 배분.
- 가장 바람직한 실천을 판별하고 인과관계를 조사하며 효과를 측정하기 위한 프로그램 평가. 원하는 결과를 성취하기 위해 좋은 퍼포먼스를 벤치마킹하고 가장 바람직하게 실행되도록 독려하는 지속적인 발전과정.
- 책무성 이행과 공적 신뢰를 향상시키기 위해, 퍼포먼스 측정법과 지표들을 사용.
- 아웃컴을 확인하고 측정법을 입증할 퍼포먼스 모니터링이나 (사업/재무) 감사.[46]

MFR은 '정부회계기준위원회'Governmental Accounting Standard Board: GASB의 최근 성명과 GPRA에 따라 연방 차원에서 광범위하게 적용되고 있다. 또한 정부가 임무를 완수하는 하나의 방법으로서, 지방정부는 공적인 책임을 지고 대중은 그 책무성을 평가하도록 한다.[47] 미국 전역의 각 주정부에 확산되었고 캐나다의 연방정책으로도 적용되고 있다는 점에서 이 모델의 인기를 확인할 수 있다.[48]

MFR에서 사용하는 도구 중 하나는 **'서비스 노력과 성취 측정법'**service efforts and accomplishment measures: SEA이라는 개념이다. GASB는 〈**서비스의 노력과 성취에 관한 연구: 때가 왔다!**〉[49]라는 일련의 연구보고서를 통해 이러한 측정법에 대해 연구했으며, 개발development에서의 지침을 논의대상으로 삼았다. 보고서는 퍼포먼스 측정법을 정의하고, 그 개념을 초중등교육, 건강, 도로 유지보수, 고등교육, 경제개발, 대중교통, 경찰, 화재, 수도 및 폐수, 위생, 병원, 공공부조 등 12가지 정부 역할에 적용했다. 퍼포먼스 측정의 세부유형은 다음과 같다.

- **투입 지표** : 화폐 및 비화폐 자원.
- **산출 지표** : 제공된 서비스의 총량.
- **효율**efficiency **지표** : 투입 지표와 산출 지표의 관계.
- **아웃컴 지표** : 대상자들에게 미친 효과.
- **뒷받침하는 데이터** : 영향을 미치는 요인들에 대한 사용자들의 이해를 돕는 서비스 관련 정보의 다양성.[50]

다른 아웃컴 씽킹 시스템과 더불어 MFR의 가장 중요한 점은 경영상의 목적을 위해 퍼포먼스 데이터를 사용한다는 점이다. MFR의 기본 아이디어는 2가지 질문에 중심을 둔다.

- 정부와 정부의 프로그램이 효과적인지 어떻게 아는가?
- 정부와 정부의 프로그램이 효율적인지 어떻게 아는가?•

정부 및 비영리단체의 적용과 실행에서 MFR은 다른 어떤 친숙한 아웃컴 모델보다도 균형성과표(BSC)와 비슷하다. 원하는 목표에 맞춰 자원들을 배치하는 데 우선 초점을 맞추기 때문이다.[51] 모든 아웃컴 모델에 이런 기능이 있기는 하지만, BSC, MFR, 그리고 확실한 비즈니스를 하거나 재정적 책무성을 지닌 몇몇 모델에서는 이 부분이 특별히 강조된다.

더 전통적인 아웃컴 모델과 MFR이 다른 점은 특별한 **변화이론**을 별로 사용하지 않는다는 점이다. 지속적인 진행과정과 변수들은 상세하게 설명되지만, 원하는 목표에 따른 상호작용, 인과관계, 영향 등은 이용자의 상상에 맡긴다. 사실 MFR은 변화이론이 구현될 만한 요건을 담고 있지 않다. 이는 사회적 문제나 환경을 바꾸려고 하는 비영리집단에 위험이 될 수 있을 뿐만 아니라, 아웃컴 모델링의 처음 의도와도 동떨어질 수 있다.

요컨대 MFR은 정부 혹은 비영리단체의 결과지향성, 책무성 향상, 아웃컴 입증을 위해서는 **전체** 전략에서 중요한 부분이 될지 모르지만, 더 전통적인 아웃컴 모델을 대체하는 데는 충분치 않을 것이다. 특히 원하는 아웃컴을 **어떻게** 성취할 것

● 〔옮긴이 주〕 '효과적'effective은 프로그램이 원하는 효과를 만들어 내는가를, '효율적'efficient은 같은 효과를 만드는 데 얼마나 적은 자원을 쓸 수 있는가를 묻는다.

인지에 관한 문제에는 도움이 되지 못한다. 더 전통적인 아웃컴 프레임워크의 맥락context에서는 좋은 역할을 하지만, MFR 자체가 성공으로 이끌어 줄 지표를 비영리단체에 제공하지는 못한다는 것이다.

아웃컴 달성

여러 버전들이 존재하지만,[52] '아웃컴 달성'Getting to Outcomes 개념으로 가장 널리 알려진 것은 '약물남용방지센터'Center for Substance Abuse Prevention: CSAP의 지원을 받은, 명목 아웃컴 기반 모델이다.[53] 원래 '국가방지발전센터'National Center for the Advancement of Prevention: NCAP의 의뢰로 개발된 이 모델은 사우스캐롤라이나대학의 원더스먼Wandersman과 친먼Chinman, 그리고 임Imm의 연구로 시작되었다.[54]

지역서비스 제공기관을 위해 만들어진 이 모델은 (특정 기술과 이용자 친화적 도구들을 제공하고) 프로그램 기획, 시행, 평가, 책무성이라는 기본요소를 포함한 '역량강화empowerment 평가 모델'을 통해 참여자들이 발전할 수 있게 한다. 이는 기관은 아이들과 가족들의 삶과 지역사회에 변화가 일어나기를 바라고, 기관의 기금제공자들은 이러한 변화가 지속가능하기를 바라며, 또한 기관은 프로그램의 효과를 보여 주고 싶어한다는 가정에서 출발한다. '아웃컴 달성' 모델은 이러한 목표를 이루는 방법을 제시한다.[55]

프로그램은 기관의 관리자와 기획자에게 10가지 질문을 던진다. 이러한 질문은 앞서 언급한 기본요소들을 포함한다.

1. **요구사항**needs · **자원**: 지역사회의 어떤 요구를 해결해야 하며 어떤 자원을 사용할 수 있는가?
2. **목적**: 목적, 대상 집단, 목표(즉, 원하는 아웃컴)는 무엇인가?
3. **모범 실행**best practice: 어떤 과학적(근거를 가진) 모델과 모범 실행 프로그램이 목표에 도달하는 데 유용한가?
4. **적합성**fit: 선택된 프로그램을 지역사회의 맥락에 '맞게 운영하려면' 어떤 활동이 필요한가?
5. **역량**capacities : 프로그램 수행을 위해 조직적으로 어떤 역량이 필요한가?
6. **기획**planning: 이 프로그램의 구체적 계획은 무엇인가?
7. **과정 평가**process evaluation: 프로그램이 충실하게 수행되는가?
8. **아웃컴 평가**outcome evaluation: 프로그램이 얼마나 효과가 있었는가?

9. **질적 개선**quality improvement: 어떻게 지속적으로 프로그램의 질을 개선시킬 것인가?
10. **지속가능성**sustainability: 프로그램이 성공적이라면, 그것을 어떻게 지속시킬 것인가?

'아웃컴 달성' 모델은 '조직이 풀어야 할 문제와 아웃컴을 얻기 위한 활동을 이어 주는 일련의 접속 지점들'로 정의되며, 그 기반으로 로직 모델을 사용한다.[56] 또한 로직 모델에서 나온 '만약/그러면' 개념, 변화이론의 대략적인 윤곽, 책무성 개념 등을 소개한다. 더 자세한 교육과 지도가 다른 곳에서는 유용할지도 모르지만, '아웃컴 달성'의 지침서는 이러한 개념들에 관한 실제적인 정보를 거의 제공하지 않는다.

대신 이 모델은 아웃컴과 산출물 간에 차이가 있으며, 특정 프로그램의 목표는 기관의 노력이 아니라 결과로서 나타내야 한다는 사실을 명확히 밝힌다.[57] 또한, 프로그램의 목적과 측정 가능한 목표 간의 차이를 그려 내고, 이것들이 앞서 나온 BACKS 또는 KASA 기준에 따라 측정되어야 한다고 주장한다. 요컨대, 전통적인 아웃컴 모델의 특징 대부분을 지니고 있다.

'아웃컴 달성'에 단점이 있다면, 이것이 약물남용 방지 같은 특정한 적용을 염두에 두고 개발되었다는 사실이다. 이 모델에서 유용한 정보들은 개입방법의 개발과 시행의 **과정**에 관심의 초점을 둔다. 엄밀한 의미의 아웃컴 씽킹은 전체적인 프로그램의 능력에 비해 큰 관심을 받지 못한다.

'아웃컴 달성'에서 로직 모델의 '논리구조'는 그다지 관심을 받지 못하는 한편, 다양한 지역사회 이해관계자들의 관여, 문화적 적절성, '딱 맞는'fit 개입과 같은 고려사항들은 크게 강조된다. 프로그램을 시작하는 '초보' 단계도 상당한 관심을 받고, 프로그램에 충실한 정도를 모니터하는 데는 수많은 체크리스트 양식이 제공되기도 한다. 이러한 점들이 프로그램을 개발할 때 모델의 결함은 아니지만, 가정과 직관을 폭넓게 받아들이는 아웃컴 씽킹과는 거리가 멀다.

그렇다 하더라도 이 모델은 치유적인 레크리에이션 개입 프로그램[58] 같은 청소년 역량강화 프로그램[59]의 평가에 적용되어 왔고, 프로그램 개발과 평가에 널리 적용할 만한 사례로 언급된다.[60] 아웃컴 씽킹에 대한 제대로 된 훈련이 부재한 상태에서, '아웃컴 달성'은 많은 지역 비영리단체들이 활용하고 배우고 특정한 요구와 환경에 적용할 수 있는 유용한 도구이다.

척도와 사다리

'척도와 사다리'Scales and Ladders: S&L는 매트릭스에 기반을 둔 아웃컴 시스템으로, '결과 지향적 관리와 책무성'Results Oriented Management and Accountability: ROMA 시스템과 관련이 있다. 이 시스템은 1993년 GPRA의 결과로서 도입되었고, '지역사회서비스 정액 교부금'Community Services Block Grant: CSBG의 지원 프로그램 내에서 시행되었다.

ROMA는 단체 매니지먼트에서 활동에 대한 책무성을 구축하는 접근법이자, 프로그램과 효과성을 평가하고 기관의 역량과 퍼포먼스의 점진적 발전을 이끌어 내는 방법으로 고안되었다. 이 ROMA는 미국의 '지역사회활동 네트워크'Community Actions Network의 구성원들에게는 일상적인 언어이다. 이 네트워크가 매개가 되어 많은 사람들이 '척도와 사다리'를 사용하게 되었다.

1994년 8월, '지역사회서비스사무국'Office of Community Service: OCS의 국장 도널드 사이크스Donald Sykes는 '지역사회서비스 정액 교부금의 모니터링과 평가를 위한 전담팀'Community Service Block Grant Monitoring and Assessment Task Force: MATF을 발족했다. 이 팀은 '지역사회활동 네트워크'의 구성원들이 GPRA에 대비하여 활용할 6가지 목표와 직접적인 측정목록을 작성했다. 연방법하에서 각 주는 자신들만의 ROMA 평가시스템을 고안할 수 있는데, MATF는 그 시스템에 지침을 마련하려는 노력의 일환으로 'ROMA 척도와 사다리 위원회'를 조직하였다. 5년에 걸친 과정 동안, 위원회는 컨설턴트들과 전국의 '지역사회활동 네트워크' 대표들을 이끌고 협력하였고, ROMA의 권한에 부합하는 훌륭한 수단으로 '척도'scales 기술을 결정했다.[61]

이 모델의 핵심 개념은 척도를 개발하여 일련의 매트릭스 내에 연속적으로 배치시키는 것이다.[62] **척도**는 다른 상태나 상황의 조건을 설명하는 연속체로 정의된다. 시작 지점과 끝 지점이 있으며, 그 사이에 증가된 부분이 있다. 두 지점 모두 꽤 임의로 정의될 수 있다. 그러나 척도를 연속적인 순서로 연결하는 내적 논리구조는 필요하다. 이 모델에서 각 단계는 척도에 의해 분류된 조건을 기술하는 **지표**, 요소, 변수로 정의된다. 지표에는 3가지 유형이 있다.

- 상호 배타 지표Mutually Exclusive Indicators
- 복합적 지표Multiple Indicators
- 유동적 지표Floating Indicators

척도는 온도계의 눈금처럼 균등하게 올라가지 않는다. 더해지는 게 아니라 곱해짐으로써, 리히터 척도처럼 측정단위가

점차 넓어지는 대수적logarithmic 척도로 표현된다. 척도 증가분을 어떤 값으로 표현할지는 단체가 판단할 몫이다. 각 프로그램에 맞추어 각 단계의 지표를 정의하면 된다. 이 모델의 의도는 **척도상의 진전**progress on the scales이나 프로그램의 성공에 대한 최종 테스트로서 **척도 기준점상의 진전**progress on the scale thresholds을 종합하는 것이 아니기 때문이다. 척도는 **모였을 때** 완성된 스토리를 이야기해 주는 개별적 데이터 조각으로 만들어진다. 이는 데이터의 개별 지점이라기보다는 마치 모델의 가치를 **총체**whole적으로 표현하는 초상화와도 같다.[63] 이 측정 방식은 완전하지 않으며, 완전하기 위해 만들어진 것도 아니다. 대신 이 모델은 대상자와 지역사회 또는 프로그램을 연속선상에 배치하며, 어떤 상황 내에서의 증가, **그리고 상대적인** 진전, 안정성, 또는 어떤 상황 내에서의 감소를 보여 준다.

ROMA에서 사용되는 척도는 개인이나 가족, 지역사회 또는 단체들에 따라 분류된다.[64] 〈표 6〉은 '형평성'equity을 측정하기 위해 적용된 S&L 매트릭스를 유형화하여 제시한다.

이 모델은 매트릭스의 사용이라는 측면에서 BSC를 연상하게 한다. 그러나 '척도와 사다리'는 목표에서 시작하여 사업계획으로 거슬러 올라가는 BSC의 자원조정과 달리, 목표에서 거꾸로 진전progress 정도를 거슬러 올라간다. 예를 들어 한 가족의 조건이 '자립 가능한지' 또는 '자립 가능하지 않은지'를 판

〈표 6〉 전형적인 '척도와 사다리' 매트릭스[65]

한계 지점		형평성 척도
5	번영thriving	지역사회는 다양성에 내재하는 힘을 이해하고 차이differences를 기꺼이 받아들인다. 사회경제적, 인구학적으로 건강한 교류를 발전시키고 유지하는 데 헌신한다. 다양성의 적용은 지역사회에서 일어나는 경제적, 사회적 거래에 널리 퍼진 규범으로서, 평등한 대우와 기회equal treatment and opportunity가 형성되도록 이끈다. 모든 문화와 소수인종 그룹은 공익을 위해 함께한다.
4	안전safe	문화에 대한 이해와 지식 및 지역사회 내의 다양한 그룹의 관습은 전체 지역사회 공동의 것이다. 그러한 지식은 서로 다른 관습과 가치가 공존할 수 있다는 이해와 감수성을 키운다. 다름이 존재하지만 규범은 다른 이들의 권리와 가치를 긍정affirmation한다.
3	안정stable	지역사회 구성원들은 지역사회 내에 존재하는 주민들 사이의 차이를 알고aware 있다. 그룹 내의 갈등은 거의 없거나 관용tolerance의 분위기가 퍼져 있다. 주민들은 공동체와 상호이해의 중요성을 점점 인식하기 시작한다.
2	취약vulnerable	주민들은 서로 고립되어 있고, 관습, 가치, 역사 및 지역사회에 거주하는 다른 주민들을 위한 헌신 같은 것은 들어 본 적이 없다. 다양한 그룹 간의 소통과 상호작용이 적음에도 대체로 현 상태에 만족한다. 상호이해가 부족하여, 결과적으로 무감각한 태도가 아주 흔하게 나타난다.
1	위기crisis	다양한 주민들 사이에서 일어나는 상호작용이 공포fear와 갈등conflict적 특징을 갖는다. 주민들은 서로 다른 목적 속에 일을 지속하며, 공공연히 적대감을 드러낸다.

단하는 대신, S&L 측정법은 자립이라는 목적과 관련된 1에서 5까지의 척도(위기, 취약, 안정, 안전, 번영)로 이 가족을 측정한다. 즉, 가족의 자립 정도나 단계를 측정하고, 프로그램이나 개입의 결과로서 진척도를 시간에 따라 보여 준다. 척도는 우선 2가지 특정한 지점에서 상황에 적용된다. 즉, (이론적으로는 하

나 또는 더 많은 중간단계 평가가 가능하지만) 시작할 때와 후속 조치를 취할 때이다. 기본적인 사전 테스트 또는 사후 테스트는 단체에 수혜자들의 상황이 바뀌어 가는 정도를 보여 준다.

S&L 모델의 장점은 다음과 같다.

- 매트릭스 내에 관련 척도들을 연속으로 구성한다. 척도들은 이렇게 결합되었을 때 더 큰 스토리를 그려 내는 데 사용될 수 있다.
- 쉽게 수량화되지 않는 개념을 측정할 수 있다. 단체는 경제적 자립, 기관의 발전 정도, 지역사회 투자의 총량, 그리고 측정하기 어려운 다른 개념의 진척도를 측정하는 데 척도를 사용한다. 척도는 각기 다른 상태를 쉽게 구분할 수 있도록 '값'을 부여하는 것이다. '자립'과 같은 복합적 개념을 측정할 때는 여러 가지 측면의 척도 값들을 결합시켜 사용한다.
- 조직이 중간단계를 측정하게 할 수 있다. 서로 다른 시간대에 측정한 결과를 비교함으로써, 자립과 같은 장기적 목표를 향해 얼마나 많은 단기적 진전이 생겨나지는지 알아낼 수 있다. 이 모델을 사용하는 기관은 궁극적인 목표가 달성되지 않는다 하더라도 중간단계에서 나타나는 여러 가지 성공을 보여 줄 수 있다. 이로써 기관은 대상자,

직원, 기금제공자 등 모든 이해관계자에게 주기적인 동기부여를 제공한다.

- 다루기 힘든 방식일 수도 있지만, 척도를 활용하여 각 대상자의 발전경로를 따로 분리해서 추적할 수 있다. 척도들을 통해 각 기관의 역량이 어떻게 발전했는지 구분해서 나타낼 수 있고, 지역사회의 노력으로 이루어 낸 각각의 진전도 개별적으로 보여 줄 수 있다.

그러나 '척도와 사다리'가 진정한 아웃컴 시스템인가, 실제로는 추적 시스템에 가깝지 않은가 하는 의문이 남는다.

다른 아웃컴 모델처럼 S&L도 **아웃컴**을 추적한다. 이 시스템은 어떤 상황에서의 활동이 아니라 이러한 활동이 갖는 효과를 그려 낸다. 또한 프로그램 진전이 중단된 지점에서 분명한 그림을 제공하기 때문에 강력한 학습요소도 담고 있다. 진행과정이 '사다리'의 어떤 지점에서 의미심장하게 멈췄다면, 관리자는 거기에 문제가 있음을 분명히 확인할 수 있다. 심지어 **프로그램이 완료되지 않은 시점**에서도 진전이 있었음을 알 수 있다. 이는 다양한 아웃컴 모델과 비교할 때 월등히 중요한 장점이다.

동시에 다른 아웃컴 모델과 구별되는 S&L의 특징들이 있다. 예를 들면 S&L은 다양한 변화이론을 보여 주는 것에 연연하지 않는다. 그보다는 대상을 더 높은 척도로 끌어올리려고 한다. 그런데 이것이 다음 단계로 가는 활동과정을 규정하는 것은 아니다. 온도계에 비유하자면, 체온을 바꿔 몸 상태를 낫게 하는 데 필요한 것을 말해 주지도 않는다는 뜻이다. 그저 현재의 체온을 말해 줄 뿐이다. 심지어 사다리의 어떤 위치에 있는가에 대한 판단은 때로는 객관적이고 때로는 주관적이다. 평가는 절대적이지 않으며, 그렇기에 '유연한'soft 결론으로 남는다.

의심의 여지없이 '척도와 사다리'는 비영리단체와 정부기관이 유익하게 사용할 수 있는, 특히 평가도구로서 중요한 모델이다. 그러나 책무성을 늘리는 도구로서는 미약하다. 이것을 잘 이용한다면 아웃컴 시대에 살아남을 귀중한 기술이 되겠지만, 단체의 내적 혹은 외적 운영에 도움이 될 진정한 아웃컴 씽킹이라고 보기에는 충분하지는 않을지도 모른다.

결과 매핑

십여 년 전 배리 키벨Barry Kibel 박사가 개발하고 '퍼시픽 연구평가연구소'Pacific Institute for Research and Evaluation의 '결과 매핑 연구실'Results Mapping Laboratory[66]을 통해 확산된 '결과 매핑'Results Mapping은 아웃컴에 근거한 평가도구이다. 이는 많은 프로그램에서 유용하지만 정량화하거나 입증하기는 어려운, 증언evidence이 담은 풍부한 의미richness의 포착을 시도하는 방법이다.

객관적으로 입증하기 어려운 증언의 가치와 사용에 대한 논쟁은 현대 아웃컴 운동이 태어난 1990년대부터 계속되었다. 이 논쟁의 중심은 모든 중요한 아웃컴이 정량화될 수 있는가, 그리고 그러한 정량화된 증거를 통해 단체가 성공적으로 아웃컴을 이루어 냈다고 볼 수 있는가에 있다.

아웃컴 커뮤니티와 비영리세계에서, 스토리 형식의anecdotal 정보와 실증된empirical 정보는 완전히 다른 성격을 띠는 것처럼 보인다. 많은 관찰자들이 스토리 형식의 정보에 큰 가치를 두지 않는다. 예컨대 많은 사람들은 실증된 데이터가 스토리보다 더 '믿을 만하다'reliable고 본다. 잘 알려진 형태이기 때문이다. 스토리 형식의 정보는 '입증되지 않았다'는 특징 때문에 측정의 도구로 널리 받아들여지지 못했다. 이와 더불어,

- 스토리 형식의 정보는 대개 성립된 표준에 따라 수집되거나 공인된 지식체계를 추구하지 않는다. 대부분의 비영리단체는 스토리 형식의 정보를 사전계획에 따라 수집하지 않는다. 그보다는 그냥 닥치는 대로 선택하여 사용하는 경향이 있다.
- 우연히 수집된 스토리 정보들은 응집되고 조리 있는 논의를

형성하기 위해 함께 활용할 표준 및 공통의 맥락이 없는 경우가 많다. 더 심각하게는, 완결성 있고 정확한 스토리라 해도 공식적이고 공인된 구조를 갖추지 못하고 있기 때문에 스토리텔러마다 관련 정보의 스타일과 강조된 측면이 다를 것이다.

- 많은 비영리단체가 잘못된 이유로 적절하지 않은 스토리를 선택한다. 스토리 형식의 정보는 대체로 감정적이고 잘못된 방식으로 표현된다. 개입과정과 그것이 얻은 수확보다는 그 스토리의 등장인물이 강조되곤 한다. 단체들은 스토리 형식의 정보를 보여 줄 때 중요한 점이 스토리 자체의 세부사항이 아니라 단체가 원하는 더 넓은 의미의 진실을 그려 보여 주는 것이라는 점을 잊어버리곤 한다.
- 스토리 형식의 정보는 달리 확인할 방법이 없다.

요컨대 단체들이 이 중요한 측정의 자원을 잘 수집하고 표준화하여 이용하도록 하는 도구가 없다는 것이다. '결과 매핑'은 이러한 요구를 충족시키기 위한 방법으로 디자인되었다.

이 모델의 기본 개념은 핵심적인 개입, 반응 및 프로그램의 결과로 얻은 주요한 성과 지점을 순차적인 형태로 보여 준다는 것이다. 키벨 박사가 주장하듯이 단체의 '가장 훌륭한 몇몇' 스토리로 이를 보여 준다면, 단체는 그들의 성공을 표현할 수 있을 것이고, 기금제공자나 이사진 등에게도 대단한 가치가 있을 것이다.

'결과 매핑'은 프로그램이 대상자, 즉 개인, 가족, 팀, 그룹, 지역사회, 단체 또는 시스템을 통해 가장 잘한 일에 대한 핵심적인 사실과 수치를 잡아내어 분석한다. 대상자의 '스토리'를 골라 기반을 두며, 각 이야기는 프로그램이 해낸 좋은 일을 특별하게 표현한다. 이는 겉으로 드러나는 대상자의 인생 스토리가 아니다. 프로그램과 대상자 사이의 단순한 상호작용도 아니다. 프로그램과 대상자 사이의 첫 상호작용에서 시작하여 더 깊은 상호작용으로, 대상자 지원 시스템과 프로그램의 상호작용으로, 대상자 지원 프로그램으로 동기부여가 된 다른 사람들과 대상자의 상호작용으로, 스스로를 응원하거나 다른 사람들에게 이익을 주는 개인 대상자의 성취로 넓어진다.[67]

'결과 매핑'과 더 전통적인 아웃컴 시스템 간의 중요한 차이는 전체 실행에서 키벨의 근거가 검증될 때 명확해진다. 최고의 아웃컴 씽킹은 프로그램 기획, 프로그램 및 단체 관리, 그리고 평가에 매진한다. 반대로 '결과 매핑'은 우선적으로 평가에 초점을 맞추면서, 이러한 아웃컴을 '더 훌륭하게 하기 위해 프로그램 실무자가 힘들지만 노력을 쏟는' 일의 효과를 똑같이 중요하게 여긴다.

'결과 매핑'은 또한 '가장 훌륭한' 스토리만 매핑에 근거한 평가에 포함되어야 한다고 주장한다는 점에서 더 전통적인 모델들과 다르다. 키벨은 이러한 '최고의 성공' 스토리가 프로그램이 옳은 방향으로 나아가도록 하는 모범사례(예컨대, 어느 스태프가 직무범위를 초월해서 일한다거나 하는 사례)를 담고 있다고, 또한 그 스토리가 본보기가 될 만한 패턴을 제공한다고 믿는다. 이것이 다분히 진실일지는 몰라도, 논리구조에 대해서는 질문을 해볼 수 있다. '성공' 스토리에 의존할 때, 분명 키벨은 몇몇 뛰어난 성공이 더 많은 위기일발 상황이나 프로그램상의 명백한 실패를 덮어 버릴 수 있다는 점을 간과한다. 스토리 형식의 증언 사용(특히 이러한 증언들의 예외적 사용)에 반대하는 일반적인 불평은 이 방법에서는 기금제공자와 다른 이해관계자들이 성공의 크기가 작은 스토리는 버리고, 긍정적이고 가끔은 가장 계몽적이며, 새로 발견된 '성공 스토리'만 받아들인다는 것이다. 그러나 문제를 확인하거나 대면하지 않는다면 어떻게 이를 해결할 수 있을 것인가? 키벨은 이 질문에는 대답하기보다는, 활동이 이끌어 낸 결과를 담은 오래되고 친근한 '활동' 스토리들을 수정하면, 거기서 본보기로 삼을 만한 사례를 발견하여 기리고 따라할 수 있다고 주장한다.

'결과 매핑' 도구를 전통적인 아웃컴 모델에 반대하는 측면으로 본다면 어느 정도 급진적인 접근법이다. 아웃컴을 추적하지 않고, 객관적이고 측정 가능한 변수에 의존하지 않으며, 프로그램이나 조직적 기획을 위해 고안되지도 않았고, 주관적인 관리도구이기 때문이다.

'척도와 사다리'와 매우 비슷하게, '결과 매핑'은 실제적인 아웃컴 모델보다는 추적장치에 가깝다. 이런 경우, '결과 매핑'은 원하는 아웃컴의 주요지점을 성취하는 데 기여한 개입을 추적한다. 더 구체적으로 말하자면, 스토리에 의존함으로써 프로그램 개입에서 더 개인화되고 객관화된 측면을 포착하고 분석하게 만든다. 이런 점이 가치가 없는 것은 아니다.

또한 스토리 형태의 증언 사용에 표준화된 접근을 시도하여 이러한 스토리에서 배울 수 있는 정보를 확인할 수 있게 한다. 모든 프로그램에는 이러한 스토리가 있다. 그러나 앞서 말한 바와 같이, 많은 단체들이 이를 충분히 이용하는 방법을 모른다. 다들 뉴스레터의 마지막을 관련 기사나 사진 첨부로 마무리할 뿐이다. '결과 매핑'은 어떤 스토리의 핵심 개입 지점key intervention point에 초점을 맞추기 때문에, 단체들이 스토리를 드라마나 인간적 관심을 끄는 세부사항을 위해 사용하는 과오를 저지르지 않도록 돕는다.

'결과 매핑'은 진정한 아웃컴 모델은 아니다. 그러나 적절하게만 사용한다면, 수치보다는 파일에 담긴 수많은 스토리를 이용하고자 하는 단체에 유용한 도구가 될 수 있다.

결과에 대한 책무성

결과와 성과에 대한 책무성Results and Performance Accountability이라고도 불리는 '결과에 대한 책무성' 모델Result-based Accountability: RBA은 '국가재정정책 연구소'Fiscal Policy Study Institute[68]의 마크 프리드먼Mark Friedman[69]이 주도하여 디자인하였다. 이 모델은 커비를 모방하여, 원하는 결말에서 시작해서 그 결말을 달성하기 위한 수단을 향해 되짚어 감으로써 상황에 접근한다. 또한, 먼저 원하는 결과가 어떨 것인지를 묘사하고, 측정 가능한 용어로 결과를 정의하며, 성공인지 실패인지를 가늠하기 위해 이러한 방법들을 활용한다.

이 모델은 단체들이 빠르게 시행할 수 있도록 실시간 사용이 가능하게 구성되었다. 이는 프로그램과 기관이 소모한 노력의 총량만이 아니라 대상자에게 미친 결과에 초점을 맞추면서 성공가능성이 높은 방안 서너 개를 재빨리 확인할 수 있게 한다. 프리드먼은 이러한 방안들을 위해 단체가 기준선을 만들고, 기준에 역행하지 않도록 관리자나 단체를 통제해야 한다고 제안한다. 그의 모델은 데이터에 기반을 둔 의사결정 과정을 단체의 문화로 구축하는 단순하고 일상적인 관리과정 속에서 이러한 방안들이 사용되리라고 상정하고, 예산 책정을 위해 필요한 정보를 생산한다.

RBA 모델은 3가지 기본적인 질문과 대답에 의존한다. 우리가 원하는 것은 무엇인가? 그것을 어떻게 확인할 수 있는가? 거기에 도달하기 위해 무엇이 필요한가? 이 질문들에 대답하기 위해 RBA는 다음 내용을 제시한다.

- **결과**results: 아이, 어른, 가족, 지역사회를 위해 우리가 원하는 웰빙well-being의 상태는 무엇인가?
- **경험**experience: 우리는 일상적 삶에서 이러한 결과들을 어떻게 경험하는가?
- **지표**indicators: 이러한 상태를 어떻게 측정 가능한 개념으로 만들 것인가?
- **기준선**baselines: 지표상으로 우리는 어디에 와 있고, 어디를 향해 가는가?
- **기준선에 관한 스토리**story behind the baselines: 왜 이러한 기준선을 채택하여 업무를 추적하는가? 그 명분은 무엇인가?
- **파트너**partners: 더 잘하기 위해 도움이 될 수 있는 파트너는 누구인가?
- **전략**strategy: 무엇이 효과가 있는가? 더 나아지기 위해서 필요한 것은 무엇인가?
- **행동계획과 예산**action plan and budget: 실제로 진행되어야 할 일은 어떤 것인가?

이 모델은 프로그램이 원하는 결과가 성취되었는지 확인하기 위해 고안된 중요한 3가지 수칙도 포함한다. 첫 번째는 데이터에 따라 처리하고, 결과에 근거하여 의사결정을 한다는 것이다. 모든 결정은 원하는 결과에 대한 생각에서 출발하여야 하고, 그에 기여하는가에 따라 이루어져야 한다. 기업의 전략기획을 떠올리게 하는 이 모델은 부수적인 사항 때문에 조직이 혼란에 빠지거나, 목표성취에 도달할 수 있는 중요한 기회를 잃을 수도 있음을 강조한다.

기업의 도구로 익숙한 이 모델에서는, 재정에 관한 의사결정 형태로서도 마찬가지로 '결과에 근거한 예산 책정'을 권고한다. 즉, 원하는 결과에 맞추어 예산계획을 세우라는 것이다. RBA는 이러한 예산 개념이 프로그램과 기관 전반에 일관성 있게 적용되어야 한다고 주장한다.

RBA의 세 번째 근본 개념은 퍼포먼스에 대한 책무성performance accountability, 또는 프로그램, 기관, 서비스 시스템 등의 퍼포먼스를 위해 관리자가 이해관계자에게 갖는 책무성이라고 할 수 있다. 책무성은 프로그램과 기관이 가장 중요한 성과를 측정해야 한다는 것을 기본으로 하며, 담당 관리자가 흔들리지 않고 유념해야 하는 가치이다.

이러한 점에서 RBA는 '주민에 대한 책무성'population accountability과 '프로그램 또는 기관에 대한 책무성'program or agency accountability 간에 현저한 차이가 있음을 보여 준다. 이 모델은 두 책무성이 섞이는 경우가 종종 있긴 하지만 서로 깊이 다르다는 점을 주장하며 별개로 다룬다. RBA의 시각에서 볼 때, 주민들의 좋은 삶을 위한 책무성이란 어떤 한 사람이나 단체에 한정되어서는 안 된다. 이는 수많은 사람들이 관련된 일에서는 당연히 공유되어야 할 책무성이다. 반면, 프로그램과 기관에 대한 책무성은 프로그램이나 기관 관리자들에게 부여된다.

두 가지 책임의 구분을 통해 커다란 공동목표를 위한 프로그램 중 그 효과가 잘못되었거나 성과가 적은 부분을 찾아낼 수 있게 된다. 또한 RBA 모델은 프로그램에 대한 책무성과 주민들에 대한 책무성을 구분함으로써, 공동목표에 참여하는 단체들이 각자의 이득을 판단할 수 있게 한다. 이는 최소한 불만의 소지를 제거하는 효과가 있다. 그리고 모든 참여자가 공동의 목표달성을 위해 필요한 사회적 수요에 더 많이 공감할 때, 공동체에 대한 책임감도 더 공고해질 것이다.

RBA의 가장 두드러진 특징 중 하나는 '횡단보도'crosswalk, 즉 다른 아웃컴 모델과 맞춤이 가능한 도구라는 점이다. 사용 가능한 아웃컴 모델의 수가 늘어남에 따라, 큰 단체에서는 각 부서에서 서로 다른 모델을 사용하는 모습이 낯설지 않다. 지금 단체가 사용하는 모델과는 다른, 하나 이상의 모델을 관리자와 실무자들이 이미 경험했다는 점도 낯설지 않다. 이렇게 다른 모델들은 서로를 어떻게 연결하는가? 몇몇 모델은 다른 모델에 없는 특징을 지니고 있는가? 한 모델은 단체나 프로그램에 시기적으로 적절한가? 그래픽 하나로 이러한 질문에 모두 대답할 수 없지만, RBA는 '횡단보도'를 다른 프레임워크와의 차이를 분석하는 방법으로 활용한다.

'횡단보도'[70]를 이용하면 하나의 프레임워크가 다른 것에 비해 어디서 더 완벽한지, 똑같은 아이디어를 바탕으로 어느 지점에서 다른 사고과정을 이용할지 살펴볼 수 있다. 또한 단체들은 어떤 점에서 서로 비슷하고 다른지에 대한 대략의 아이디어를 얻기 위해 모든 아웃컴 모델의 특징을 검토할 수 있다. 주어진 상황에서 어떻게 다른 모델보다 나은 특정 모델을 활용할 것인지와 관련된 모든 질문에 답하지는 못할 것이다. 그러나 모델 사이의 차이를 기본적으로 이해하려고 노력하는 단체에 유용한 지침이 될 수 있다.

RBA 모델은 철저히 아웃컴 지향적인, 결과에 근거한 개입을 위해 실시간 시행계획을 세우고자 하는 단체를 위한 템플릿이다. 많은 연구와 경험에 따르면,[71] RBA의 웹 기반 프레젠테이션은 빈틈이 없고, 접근과 이해가 쉽다. 이는 실행을 강조하면서, 목표를 설정하고 일하면서 혼란에 부딪히곤 하는 실무자들을 도와준다.

이 모델에 대한 우려가 있다면 이런 것들이다. 이는 그 자체로 규율을 가진 아웃컴 접근법이면서도 다른 연구나 데이터에 대한 의존을 강조한다. 또한 빠른 시작을 중시하기 때문에, 필요한 질문을 단체가 제대로 생각해 보고 답하기 전에 프로그램이나 개입이 성급히 일어나게 할지도 모른다. 비슷한 맥락에서 이 모델은 프로그램의 변화이론, 즉 목표달성과 관련해서 하는 일들의 논리구조를 실제로 검증하는 데 관심을 그리 크게 쏟지 않는다. 그렇지만 RBA는 여전히 결과에 근거한 실행에 아주 유용한, 모든 단체가 적용을 고려해 봐야 하는 접근법이다.

다음은 무엇인가

What's Next

지금까지 현재 상황의 평가에 따라 '아웃컴 운동'의 뿌리에 관한 토론을 진행하였다. 이제 우리는 미래에 대해 질문해 볼 수 있다. 이 '운동'은 자연주기의 끝에 다다랐는가? 영기준예산제도Zero-Based Budgeting나 전사적 품질경영TQM처럼 한때 인기 있던 개념들이 그러했듯이, 비영리영역을 강타한 비슷한 '운동들'의 역사와 함께할 태세로 말이다. 혹은 다른 미래로 향하고 있는가? 새롭고 더 나은 단계로 진화할 것이라는 의미인가? 그렇다면 다음 단계에는 어떤 형태들이 나타날 것인가?

이 장에서는 이러한 질문들에 대해 예상되는 평가를 포함하여, 몇몇 부차적인 관점을 제공할 것이다. 원하는 미래를 묘사하는 아웃컴 씽킹의 힘을 이용하여, 예측이라기보다는 소망에 가까운 내용으로 글을 마무리하려 한다.

가능한 4가지 시나리오

머지않아 실현될 듯한 '아웃컴 운동'의 4가지 시나리오가 있다. 서로 배타적인 방식은 아니며, 그 가능성과 중요성의 순서에 따라 제시하는 것도 아니다.

손잡이를 꼭 붙잡기 Tightening the Grip. 더 높은 책무성을 요구하는 정부와 앞서 기술한 다른 압박들, 특히 2001년 9·11 사태 이후 미국 정부에 지워진 재정적 부담 때문에, 결과와 퍼포먼스에 기반을 둔 예산 책정과 민간위탁 방법의 확장에 계속 관심이 쏠리는 듯하다. 최근 책무성을 이끌어 내려는 방향accountability-driven orientation은 프로그램 아웃컴을 원가와 지불금액에 직접 연결함으로써, 정부지출을 통제하는 이들에게 신뢰를 얻었다. 퍼포먼스에 기반을 둔 예산 책정performance-based budgeting 접근법의 경험이 평탄하지 않았음에도 말이다.[1] 최근 '유엔'United Nation이나 '세계보건기구'World Health Organization, '세계식량계획'World Food Programme 등 큰 규모의 여러 국제단체는 결과에 기반을 둔 예산 책정Results-Based Budgeting: RBB을 중요하게 다루기 시작했다. 미국 내에서는 HIV와 AIDS 감염인을 위한 서비스 영역에서, 연방정부가 GPRA 아래 새로운 아웃컴 기반의 모금을 시도하며 추진력을 얻고 있다. 미국이 계속되던 경제 둔화로부터 벗어나는 듯 보이는 상황에서, 성과별 지급pay-for-performance을 강조하던 경향이 약화될지 어떨지를 보는 것은 흥미로울 것이다. 비영리영역에 경제적 전환점이 되고 있는 근간에는 적어도 약화되지는 않으리라고 본다. 또한 정부 재정적자가 증가하는 상황에서는 비용제한에 대한 관심이 줄어들 것 같지 않다. 거대 정부처럼 전통적 예산 기반 기관들이 외부의 부정적 분위기를 회피하려는 흐름에 따라 성과중심 기관으로 변모하게 되는 과정에서도 분명히 어려움은 지속될 것이다.

공구상자 속으로 Into the Tool Chest. 또 다른 가능성은 아웃컴 기반 씽킹과 그 관련 프레임워크가, 넓은 형태적 범위에서 정부, 사회적 모금 및 비영리영역이 선택적으로 채용한 여러 도구와 기술 중 하나가 되는 것이다. 퍼포먼스를 진전시킬 수 있는 여러 도구 중 하나가 됨으로써, 가장 효과적이고 효율적인 접근법을 찾을 수 있게 하는 동시에 다원성도 뒷받침되고 시장 원리도 생겨난다. 우리는 이 시나리오가 앞서 언급한 책무성의 팽팽한 압박 아래에서 개발될 것이라고 믿는다. 이러한 압박이 기금제공자와 서비스제공자 사이의 갈등을 늘어나게 할지도 모른다는 가능성도 분명히 존재한다. 이러한 갈등은 대중적 모금과 공적 자금이 얼마나 엄격해질 것인가에 달려 있다.

기술 연결 Technology Connection. 결과에 초점이 맞추어지면서, 정부와 사회적 모금 및 비영리그룹은 아웃컴의 성취를 확인해 줄 시기적절하고 정확한 정보가 중요하다는 사실을 현저하게 인식하고 있다. 정보기술의 극적인 진전 없이는 아웃컴 운동이 오늘날처럼 활기를 띠지 못했을 것이다. 아웃컴과 기금 간의 연결이 강력해진 것처럼, 아웃컴과 컴퓨터를 통해 수집되고 보고된 정보의 결합도 강력해졌다고 판단된다. 연방정부의 요구로 다시 박차를 가한 여러 국가적 프로그램들은 믿을 만한 정보를 사용할 수만 있다면 아웃컴 프레임워크도 효과적으로 사용할 수 있다는 사실을 인식하고 있다. 특히 인터넷과 같이 기술의 빠른 발전은 다른 경우와 마찬가지로 아웃컴 분야에서 일어나는 변화와 발전에 강력한 힘이 될 것이다. 또한 더 작은 기관의 입장에서는 점점 더 아웃컴 지향적이 되는 세상에서 경쟁에 필요한 사람과 교육에 투자하지 않으려 하거나 할 수 없게 될지도 모른다.

다음 움직임으로 가는 변화 Morphing into the Next Movement. 마지막 가능성은 로직 모델이나 아웃컴 펀딩 프레임워크처럼 독자적으로 발달했거나 더 넓고 체계적인 조직적 변화 모델에 포함된 독립적인 아웃컴 접근법이다. 최근 연방정부가 **균형성과표**에 보이는 관심을 고려하면, 가능한 발전양상이다. 어느 비영리기관은 8년간 아웃컴 관리에 쏟은 헌신 덕분에 '제너럴일렉트릭'General Electric의 식스 시그마 품질관리 프레임워크와 아주 매끄럽게 결합하며 훌륭한 관계를 맺었다고 한다.

이와 비슷한 맥락에서, 주요 아웃컴 모델이 지닌 힘과 적용방식을 검증함으로써, 여러 모델의 요소가 더 강력하고 널리 적용될 만한 생산물을 만드는 데 결합될 가능성이 있다는 결론이 도출됐다. 현재는 이러한 가정을 테스트할 원형prototype을 만들어 보자는 주제로 토론이 진행 중이다.

미래를 향한 비전

아웃컴 씽킹을 아웃컴 운동 자체에 적용하려는 시도로 이 글을 끝맺겠다. 선의로 아웃컴의 힘을 전파하고 그 미래를 심사숙고하면서, 어떻게 그것을 실천하지 않을 수 있겠는가?

여기에 '아웃컴 게임을 하려는' 시도와 질문에 대한 대답이 있다:

'비영리영역'에서 아웃컴 씽킹을 이상적으로 적용한다면 어떨까? 무엇이 다르고 무엇이 더 나을까? 사람들이 말하고 행동하는 성공의 정의는 무엇일까?

1. 아웃컴 언어는 공적인 어휘로 확고히 정립되어 있다. 다

양한 용어가 사용되는 와중에도 산출물이나 아웃컴, 효과의 핵심적 차이는 널리 받아들여지고 쓰인다. 대학은 가르치고, 기관은 이용하고, 지역사회는 훌륭하게 발전할 것이다.

2. 서비스를 받은 이들이 얻은 혜택은 대화에서 무엇보다도 중요하다. 새로운 또는 진행 중인 모든 공공 프로그램의 검증은 아웃컴 관련 질문에서 중심이 될 것이다: 얼마나 많은 사람들이 혜택을 입었는가? 예상했던 것과 비교하면 어떠한가?
3. 정부, 사회적 모금, 그리고 비영리그룹은 (그들의 관계가 공생임을 인식하고) 성공을 위해 서로 의지하는 진정한 파트너로서 활동한다. 서로에 대한 비난은 크게 줄이고, 경계를 넘어 서로 지식을 나누게 된다.
4. 무엇이 효과를 발휘했는가, 그리고 가장 중요하게는 무엇이 효과가 없었는가에 대한 토론이 일상화되고 솔직해질 것이다. 기금제공자와 정치인들은 판단을 내리기 전에 이해하려 할 것이다.
5. 직접 서비스 그룹과 그들을 지원하는 이들은 아웃컴의 성취를 분류하고 확인하는 데 많지 않은 자원(총 프로그램 경비의 약 5%)을 쓸 것이다. '평가 기금'evaluation funds이 서비스를 받는 사람들의 수를 감소시킨다는 불평은 끝났다.

6. 아웃컴 관련 데이터는 싼값에 사용할 수 있게 되며, 비밀로 지켜져야 하는 분야에서는 보호되지만, 대체로 타당하고 믿을 만하다.
7. 시스템의 모든 단계에서 직원은 아웃컴의 방향을 받아들인다. 그들이 하는 일의 목적이 무엇인지, 그들이 무엇을 이루고 있는지, 그들의 실천을 어떻게 발전시킬 것인지를 이해하게 해주기 때문이다.
8. 아웃컴 평가는 발전된 프로그램의 개발과 확산으로 이어진다. 조직적 학습은 선망하는 투자이며, 개인적, 전문적 개발과 직접적으로 연결된다. 봉급이 현저하게 오르지는 않더라도 아웃컴의 초점은 향상된 공적, 사회적 작업 환경으로 폭넓게 나타난다.
9. 기금지원 결정은 과거 아웃컴의 성취를 분명히 고려하며, 기금을 받은 사람들과 받지 않은 사람들, 결정을 내린 사람들에게 공정성과 공평함을 널리 인정받는다.

우리는 스스로 인정하건대 야심만만하고 대단히 낙관적이지만 선한 의지를 품고 이 분야에서 일하는 사람들 수천 명에게 동기를 부여하며 힘을 줄 강력한 방법으로 이러한 비전을 제안한다. 그리고 달성가능성은 분명치 않으나 "상상되지 않은 미래는 이루어지지 못한다"는 속담을 굳게 믿는다. 스티븐 커비가 고상하게 말했듯이, 매우 성공한 사람들의 핵심 습관은 바로 우리 모두가 노력하는 '끝을 마음에 두고 시작하기'이다.

주

머리말

1. "21세기는 비영리기관의 세기가 될 것이다. 더 많은 경제, 돈과 정보가 지구화되고, 더 많은 공동체가 중요해질 것이다. 그리고 오로지 비영리단체만이 공동체에서 성과를 만들고, 기회를 개척해서 지역의 자원을 활성화하여 결국 문제를 해결할 수 있다. 비영리영역의 리더십, 경쟁력, 매니지먼트가 21세기 사회 전체의 가치, 비전, 응집력과 성과에 지대한 영향력을 갖게 될 것이다"〔'Leader to Leader Institute'에서 인용(blue. isoph. com/pfdf/)〕.

1. 새로운 시대의 요구

1. GPRA가 그것을 요구했다: 'FY1994'를 시작할 때, 연방에서 지원하는 프로그램은 목표설정, 측정, 보고와 관련된 것 중에는 최소 10개 이상의 3년짜리 파일럿 프로그램이 있었고, 성과 증진을 위한 보상관리의 유연성을 가진 5개 이상의 2년짜리 파일럿 프로그램이 있었다. 1997년에 기획예산처와 회계감사원이 파일럿 프로그램의 결과를 보고했다. 'FY1998'에서는 5년간의 전략적 계획, 연간 프로그램 성과계획, 연간 프로그램 성과보고를 단체에 요구하는 것이 정부 전반적으로 반영되었다. 더 자세한 사항은 www.conginst.org/resultsact/introduction/gprarpt.html를 참조.
2. Dr. David Hunter, Director of Evaluation, Edna McConnell, Clark Foundation, Telephone interview 8/29/02.
3. 같은 글.

2. 아웃컴 씽킹의 개요

1. '아웃컴 관리'라는 용어는 의료와 복지 영역에서 '아웃컴 씽킹' 대신에 많이 상용된다.
2. 시카고 기부자 포럼The Donor Forum of Chicago을 보면 "아웃컴 평가는 조직의 고객과 이용자, 자선공동체(기부자그룹), 그리고 내부적 이해관계자에게 중요하다. 왜냐하면 이들은 조직의 성공을 어떻게 정의하는지, 그리고 그것을 어떻게 측정할 수 있는지 알 필요가 있는 사람들이기 때문이다".
3. Stephan R. Covey(1989), 《성공하는 사람들의 7가지 습관》(*The 7 Habits of Highly Effective People*). New York: Simon and Schuster.
4. Vikki K. Clawson, Robert P. Bostrom & Associates(2003). *Outcome-Directed Thinking: Questions that Turn Things Around.* 4th edition. (www.negia.net/~bostrom/bahome.htm).
5. Jane Magruder Watkins, and Bernard J. Mohr(2001). *Appreciative Inquiry: Change at the Speed of Imagination.* San Francisco: Jossey Bass Pfeiffer.
6. Anne Warfield(2000). *Outcome Thinking: Getting Results without the Boxing Gloves.* Retrouvaille Publishing(www.augsburg.edu/pmi/articles/StacyBrandt.htm).
7. Lucy Knight(2002). *Outcome Evaluation: Three Workshops.* Evanston, Il: Knight Consulting.
8. Drucker(1999). 43.

3. 아웃컴의 기원

1. Drucker, Peter F. (1999). *Management Challenges for the 21st Century.* New York: Harper Brothers, 135~141.
2. 같은 책, 136.

3. 같은 책, 21.

4. A. Gabor(1990). *The Man Who Invented Quality.* New York: Times Books.

5. Graphic Credit: Mary Bold, The Kirkpatrick Model(www.unt.edu/cpe/module3/blk1why1.htm).

6. D. Kirkpatrick(1959a). "Techniques for evaluating training programs", *Journal for the American Society for Training and Development*, *13*, 3~9; (1959b). "Techniques for evaluating training programs PART 2: Learning", *Journal for the American Society for Training Directors*, *13*, 21~26; (1960a). "Techniques for evaluating training programs PART 3: Behavior", *Journal for the American Society for Training Directors*, *14*, 13~18; (1960b). "Techniques for evaluating training programs PART 4: Results", *Journal for the American Society for Training Directors*, *14*, 28~32. 커크패트릭 이론의 업데이트는 다음에서 볼 수 있다: (1983). "Four steps to measuring training effectiveness", *Personnel Administrator*, *28*(11), 19~25; (1977). "Evaluating training programs: Evidence vs proof", *Training & Development Journal*, *31*(11), 9~12; (1994). *Evaluating Training Programs.* San Francisco, CA: Berrett-Koehler Publishers, Inc..

7. W. K. Kellogg Foundation(1998). *Kellogg Foundation Evaluation Handbook.* Battle Creek, MI: W. K. Kellogg Foundation, 4.

8. Pamela Horst et al. (1974). "Program management and the federal evaluator", *Public Administration Review*, *34*(4), 300.

9. 같은 책, 70.

10. Francis Heylighen, "In memoriam Donald T. Campbell", Principia Cybernetica Web(pcp.lanl.gov/CAMPBEL.html).

11. 캠벨의 프레임워크는 그의 기본 아이디어에 기초한다: ① blind-variation-

and selective-retention, 이는 잠정적인 새로운 지식을 생산해 내는 과정은 'blind'(맹목적) 임을 의미한다. 이 과정에서 연구자는 찾게 될 미래의 지식을 예측하지 않는다. 그러나 이 맹목적 시도 이후에 찾은 좋은 지식은 유지시키고 나쁜 것을 제거해 간다. ②'vicarious selector'(간접적 선택자), '옳은' 지식이 기억에 유지되면, 새로운 시도는 맹목적일 필요가 없다. 이때부터 연구자는 지식이 환경에 의해 선택되기 전, 비교를 통해 선택한다. ③'nested hierarchy'(내포된 위계), 간접적 선택자의 조직은 다층위적 인식 조직의 발전을 용인한다. 이는 더 똑똑하고 적응력 있는 시스템으로의 발전을 이끈다.

12. Mark Howard Ross(July, 2001). "PCIA as a peacebuilding tool", *The Berghof Handbook for Conflict Transformation.* The Berghof Research Center for Constructive Conflict Management(www. berghof-center. org/handbook/ross/index. htm).
13. Claude F. Bettett(1975). "Up the hierarchy", *Journal of Extension*, *8*(2), 8.
14. Horst, "Program management and the federal evaluator", *Public Administration Review*, 301.
15. Daniel Stefflebeam and William Webster(1981). "An analysis of alternate approzches to evaluation", *Evaluation Studies Review Annual*, *6*, 70.
16. Wholey, Joseph, Telephone interview 10/17/02.
17. Horst, 301.
18. Bickman, L.(1987). "Functions of program theory", in Bickman, Len.(ed.). *Using Program Theory in Evaluation.* San Francisco: Jassey-Bass, 5.

4. 아웃컴의 언어

1. Schwitzer, Alan M. (Jan, 2002). "Using a chain-of-effects framework to meet institutional accountability demands", *Journal of American College Health*, Vol. 50, Issue 4, 183, 4. 또한 A. M. Schwitzer(1997). "Utilization-focused evaluation: Proposing a useful method of program evaluation for college counselors and student development professionals", *Journal of Measurement Evaluation in Counseling and Development*, *30*, 50~61, 그리고 A. M. Schwitzer and T. Metzinger(1998). "Applying the student learning imperative to counseling center outcome evaluation", *Journal of College Student Psychotherapy*, *13*, 17~92.
2. Patton, M. Q. (1997). *Utilization*-Focused *Evaluation: The New Century Text*. 3rd edition. Thousand Oaks, CA: Sage.
3. Rosen, A., & E. K. Proctor(1981). "Distinctions between treatment outcomes and their implications for treatment evaluation", *Journal of Consulting and Clinical Psychology*, *49*, 418~442.

5. 비영리단체를 위한 아웃컴 모델

1. Kirkpatrick, Sharon. "The program logic model: What, why and how?". Charity Village(www.charityvillage/charityvillage/research/rstrat3.html).
2. Taylor-Powell, Ellen. *The Logic Model: A Program Performance Framework*. University of Wisconsin Cooperative Extension.
3. Kellogg Foundation, 37.
4. Kirkpatrick, 같은 책.
5. MacNamara, Carter. *Guidelines and Framework for Designing Basic Logic Model*(www.managementhelp.orh/np_grogs/np_mod/org_frm.htm).
6. Taylor-Powell.

7. 같은 책.

8. 같은 책.

9. Micklethwait, John and Adrian Woolridge(1996). *The Witch Doctors: Making Sense of the Management Gurus*. New York: Times Books, 13.

10. MacNamara.

11. Kansas City Kansas Public Schols, First Things First: A Framework for Successful School-Site Reform(www.kckps.k12.ks.us/document/ftf_wp/figure1.html).

12. Western Regional Center for the Application of Prevention Technologies (www.open.org/~westcapt/ev2.htm).

13. United Way of Milwaukee, 5.

14. Taylor-Powell.

15. Western Regional Center for the Application of Prevention Technologies.

16. 같은 책, 6~7.

17. 2GC Active Management(www.2gc.co.uk/home.asp), The Balanced Scorecard Collaborative(www.bscol.com/) 그리고 Benchmarking Plus (www.benchmarkingplus.com.au/perfmeas.htm) 참조.

18. Kaplan, Robert S. and Daniel P. Norton(1996). *The Balanced Scorecard*. Boston: Harvard Business School Press.

19. Lebas, M. (1994). "Managerial accounting in france", *European Accounting Review*, 3(3), 471~487.

20. Kaplan and Norton, *The Balanced Scorecard*, 29.

21. 같은 책, Ⅷ.

22. Benchmarking Plus, "Balanced scorecard performance measurement" (www.benchmarkingplus.com.au/perfmeas.htm).

23. Kaplan and Norton, 30~31.

24. Balanced Scorecard Collaborative, 1~7.

25. Kaplan and Norton, 11, Reprinted from R. Kaplan and D. Norton (Jan-Feb, 1996). "Using the balanced scorecard as a strategic management system", *Harvard Business Review*, 77.

26. Balanced Scorecard Collaborative, 7~8.

27. Collins, James C. and Jerry I. Porras(1997). 《성공하는 기업들의 8가지 습관》(*Builtto Last: Successful Habits of Visionary Companies*). New York: Harper Business.

28. 스코어카드를 공공기관에 적용하는 것을 다룬 최근의 연구는 다음에서 볼 수 있다: 2GC Active Management(www. 2gc. co. kr/home. asp).

29. Williams, H. S., A. Webb, and W. Phillips(1991). *Outcome Funding: A new Approach to Targeted Grantmaking*. 3rd edition. Rensselaerville, NY: The Rensselaerville Institute, 45.

30. Williams et al., 65.

31. 같은 책, 54.

32. 같은 책.

33. 같은 책, 125~126.

34. 같은 책, 140.

35. 이전 단계 사람의 수를 원하는 결과를 성취한 사람의 수로 나누어 얻는 '전환 요소'에 의해 감소된 수를 알 수 있다. 예를 들어 특정 프로그램을 인지하고 있는 사람이 2천 명이고, 실제로 참여한 사람이 400명이라고 하면, 전환비율은 5.0이다.

36. Bennett(1975).

37. Bennett, C. and K. Rockwell(December, 1995). *Targeting Outcomes of Programs(TOP): An Integrated Approach to Planning and Evaluation*. 미간행자료, Lincoln, NE: University of Nebraska.

38. Bennett, C. and K. Rockwell.

39. 지식의 습득은 정보를 학습하는 것, 혹은 조언을 받아들이는 것과 관련이 있다. 이는 경제적, 사회적, 환경적 원칙을 이해하는 것, 그리고 개인과 집단의 의사결정 과정을 이해하는 것을 포함한다. 태도는 개인의 신념, 의견, 느낌과 관점에 초점을 맞춘다. 기술은 개인의 새롭고 대안적인 실행을 활용할 수 있는 정신적, 물리적 능력을 말한다. 그리고 고무·고양은 야망, 희망, 목적이나 욕구를 말한다. 다음을 참조하라. citnews. unl. edu/TOP/english/overviewf. html.
40. Israel, Glenn, Program Development and Evaluation Center, Florida Department of Agricultural Education and Communication (www. pdec. ifas. ufl. edu).
41. citenews. unl. edu/TOP/english/overviewf. html.
42. General Accounting Office (1998). *Performance Measurement and Evaluation: Definitions and Relationship* (GAO/GGD publication No. 98~26). Washington, D. C.: United General Accounting Office.
43. Rockwell, Kay S., Robert J. Meduna, and Susan N. Williams (2001). *Targeting Outcomes Of Programs Help Public Policy Educators Design Evaluations*. Paper for the National Public Policy Education Conference San Antonio. TX, 17 September (www. farmfoundation. org/nppecindex. htm).
44. Chuck Schwabe, Deputy City Manager, City of Sunnyvale, CA, Telephone interview 05/09/02.
45. Mecklenburg County Board of Commissions, *M4R* (164. 109. 58. 120/departments/bocc/manageing+for+results/home. asp).
46. National Governors Association, *Managing for Results Overview* (www. nga. org/center/managingforresults/).
47. Schwabe, 또한 Maryland Department of Budget and Management, *Managing for Results in Maryland State Government* (www. dbm. state.

md. us/html/manage4results. html) 참고.

48. Treasury Board of Canada, *Managing for Results* (www. tbs-sct. gc. ca/report/govrev/00/mfr-gar_e. asp).
49. Governmental Accounting Standards Board (GASB) (April 1994). *Concepts Statement No. 2, Service Efforts and Accomplishments Reporting*. Norwalk, CT: GASB.
50. 다른 성과 측정 기준도 존재한다. 서비스 질 지수는 고객의 만족, 타임라인, 정확성과 업무부하나 수요 측정 등에 초점을 맞춘다.
51. Public Library Association, *Training Resources for Managing for Results: Effective Resource Allocation for Public Libraries* (www. pla. org/ conference/managing. html).
52. The Lewin Group, *The Outcome of Outcomes Research at AHCPR: Final Report* (www. ahcpr. gov/clinic/outcome. htm), New Zealand State Service Commission, *Workshop* 1: *About Outcome and State Indicators — Proceedings* (www. ssc. govt. nz/display/document. asp?DocID=2539).
53. *Getting to Outcomes Training Series* 전체는 온라인 사이트에서 볼 수 있다. CSAP's Decision Support System (www. preventiondss. org).
54. Matthew Chinman, Pamela Imm, Abraham Wandersman, Shakeh Kaftarian, Jim Neal, Karen T. Pendleton and Chris Ringwalt (2001), "Using the getting to outcomes (GTO) model in a statewide prevention initiative", *Health Promotion Practice, Oct* 2 (4), Supp 277.
55. Center for Substance Abuse Prevention, *1999 Pilot Training Manual, Getting to Outcomes: Methods and Tools for Planning*. Self-Evaluation and Accountability.
56. 같은 책, 3.
57. State of Main, State Planing Office (www. state. me. us/spo/stratpla/initiative/sporeview/guidelines. htm).

58. American Therapeutic Recreation Association(www. atra-tr. org/mid-year/2001/pre. htm).

59. ncth. confex. com/ncth/2002/techprogram/paper_6470. htm.

60. University of Wisconsin Extension, *Evaluation Logic Model Evaluation Bibliography*(www. uwex. edu/ces/pdande/evaluation/evallogicbiblio. html), Baptist Community Ministries, Evaluation and Research(www. bcm. org/resources. htm).

61. Scales and Ladders Committee, CSBG Monitoring and Assessment Task Force(Sep, 1999). *Scale, From A to Y : Everything You Ever Wanted to Know … But Were Afraid to Ask.* 더 많은 정보는 www. csd. ca. gov/ 03CSBGForms. html.

62. 카테고리와 각각의 지수의 사례는 다음에서 볼 수 있다. www. csd. ca. gov/03CSBGForms. html.

63. Scales and Ladders Committee.

64. Tennessee Department of Human Services and The University of Tennessee College of Social Work, Office of Research and Social, The Guide to Implementing ROMA for CSBG Agencies in Tennessee, January 2000, 5.

65. ICCS, *Matrix Evaluation Model*(iccs. csumb. edu/html/community/ matrix/cs11. htm).

66. Pacific Institute for Research and Evaluation, 1229 E. Freanklin St. 2nd Fl. Chapel Hill, NC 27514(www. pire. org/resultmapping/First%20page. htm 그리고 www. pire. org/categories/PE. asp).

67. 같은 책, 16.

68. www. resultsaccountability. com.

69. 프리드먼, 그러나 몇몇 기관 스폰서와 자문과 각종 도움을 준 많은 저자들도 있다. 마크 프리드먼의 책, *The Results and Performance Accountability*

Implementation Guide: Questions and Answers about How to Do the Work, March, 2001 version (www.raguide.org).

70. © Copyright Mark Friedman, FPSI, 2000, 2001, 2002 (www.raguide.org/crosswalk_blank.htm).

71. Friedman, 2001.

6. 다음은 무엇인가

1. 노동 분야의 경험에 대한 논의는 존스홉킨스대학 로버트 바르노(Robert Barnow)의 "Is the new obsession with 'Performance Management' masking the truth about social programs?"를 보라. 또한 Ann B. Blalock (www.rockinst.org/publicaton/federalism/QuickerBetterCheaper-Chapter17.pdf); Barnow, Burt S. (1999). *Exploring the Relationship between Performance Management and Program Impact: A Case Study of the Job Training Partnership Act*. Baltimore, MD: Institute for Policy Studies, Johns Hopkins University; Burt S. Barnow and Christopher T. King, *Publicly Funded Training in a Changing Labor Market* (www.urban.org/pubs/improving/chapter1.html); Christopher T. King and Burt Barnow (eds.) (1999). *Improving the Odds: Increasing the Effectiveness of Policy Funded Training*. Washington, D. C.: Urban Institute Press. (Available from Urban Institute Press, 1-877-UIPRESS); Barnow, B. (February, 1986). "The impact of CETA programs on earnings: A review of the literature", *Journal of Human Resources*, 22, 157~193; Loprest, Pamela J., and Burt S. Barnow (October, 1993). Estimating the Universe of Eligibles for Selected ETA Programs. Prepared for the Department of Labor도 참고하라.

참고문헌

Administration on Aging(2000). *Performance Outcomes Measures Project.* Washington, D. C. : Author.

_____ (2000). *Performance Outcomes Measures project: Project Overview* (http://www. gpra. net/).

Alkin, M. C. (1972). "Evaluation theory development", *Evaluating Action Programs.* Carol Weiss(ed.), Boston: Allyn and Bacon, 115.

Balanced Scorecard Collaborative(2001). *Building the Balanced Scorecard: Practitioner's Guide Book.* Author.

Bennett, C. F. (1975). "Up the hierarchy", *Journal of Extension,* 7(2), 8.

Bennett, C. F. and Rockwell(1995). *Targeting Outcomes of Programs (TOP): An Integrated Approach to Planning an Devaluation.* Unpublished Manuscript. Lincoln, NE: University of Nebraska.

Bickman, L. (ed.) (1987). *Using Program Theory in Evaluation.* San Francisco: Jassey-Bass.

_____ (2000). *Validity and Social Experimentation: Donald Compbell's legacy.* Thousand Oaks, CA: Sage Publications.

Birdi, K. "What is training evaluation?", University of Sheffield Institute of Work Psychology(http://www. shef. ac. uk/~iwp/publications/whatis/traning_eval. pdf.).

Campbell, D. and J. Stanley(1996). *Experimental and Quasi-experi-*

mental Designs for Research. New York: Houghton Mifflin College. Currently published by Houghton Mifflin with co-authors Thomas, D. C. and S. William and available in a 2001, 2nd edition.

Center for Substance Abuse Prevention(1999). Pilot training manual. *Getting to Outcomes: Methods and Tools for Planning, Self-Evaluation and Accountability.* Author.

Chinman, M. et al.(2001). "Using the getting to outcomes model in a statewide prevention initiative", *Health Promotion Practice,* 2(4), Supp 277.

Ciocco, A.(1960). "On indices for the appraisal of health department activities", *Journal of Chronic Disease, 11,* 509~522.

Clawson, V. K. and R. P. Bostrom(2003). *Outcome-Directed Thinking: Questions that Turn Things Around.* 4th edition. Athens, GA: Bostromand Associates(http://www.negia.net/~bostrom/bahome.htm).

Covey, S. R.(1989). *The 7 Habits of Highly Effective People.* New York: Simon and Schuster.

Druker, P.(1990). *Managing the Nonprofit Organization.* New York: Harper Collins.

______(1999). *Management Challenges for the 21st Century.* New York: Harper Brothers.

Fleschut, K., Caldwell, C. and B. E. Beyt, Jr.(1996). "Managing and redesigning the continuum of care: The value chain model", *Quality Management in Health Care, 5*(1).

Foster, S. L. and E. J. Marsh(1999). "Assessing social validity in clinical treatment research issue and procedures", *Journal of Consulting and Clinical Psychology, 67*(3), 308~319.

Friedman, M. (March, 2001). *The Results and Performance Accountability Implementation Guide: Questions and Answers about How to Do the Work*(http://www.raguide.org/).

Gabor, A. (1990). *The Man Who Invented Quality*. New York: Time Books.

General Accounting Office(1998). *Performance Measurement and Evaluation: Definitions and Relationships*(GAO/GGD publication No. 98~26). Washington, D. C.: United States General Accounting Office, Author.

George, S. and A. Weimerskirch(1994). *Total Quality Management*. New York: Wiley & Sons.

Giloth, R. and W. Philips(2000). *Getting Results: Outcomes management and the Annie E. Casey Foundation's Job Initiative*. Rensselaeville, NY: The Rensselaerville Institute.

Government Accounting Standards Board(April, 1994). *Concepts Statement No. 2: Service Efforts and Accomplishments Reporting*. Norwalk, CT: GASB, Author.

Horst, P. et al. (1974). "Program management and the federal evaluator", *Public Administration Review*, *34*(4), 300.

Johnson, N. (1999). "The future of outcomes management: Views from thought leaders in the field", *Formulary*, *24*(9), 776.

Kaplan, R. S. and D. P. Norton(1996). *The Balanced Scorecard*. Boston: Harvard Business School Press.

______(1996). "Using the balanced scorecard as a strategic management system", *Harvard Business Review*, *74*(1), 77.

Kibel, B. (1999). *Success Stories as Hard Data*. New York: Plenum Publications. Abridged version available at http://www.pire.org/resultmapping/abridge.htm.

Kirkpatrick, D. (1959a). "Techniques for evaluating training programs", *Journal for the American Society for Training and Development*, *13*, 3~9.

______(1959b). "Techniques for evaluating training programs: Part 2: Learning", *Journal for the American Society for Training and Directors*, *13*, 21~26.

______(1960a). "Techniques for evaluating training programs: Part 3: Behavior", *Journal for the American Society for Training and Directors*, *14*, 13~18.

______(1960b). "Techniques for evaluating training programs: Part 4: Results", *Journal for the American Society for Training and Directors*. *14*, 28~32.

______(1977). "Evaluating training programs: Evidence vs proof", *Training and Development Journal*. *31*(11), 9~12.

______(1983). "Four steps to measuring training effectiveness", *Personnel Administrator*, *28*(11), 19~25.

______(1994). *Evaluating Training Programs*. San Francisco, CA: Berrett Koehler Publishers, Inc..

Knight, L. (2002). *Outcome Evaluation: Three Workshops*. Evanston, Il: Knight Consulting.

Knutson, A. (1955). "Evaluating program progress", *Public Health Reports*, *70*, 305~310.

Lebas, M. (1994). "Managerial accounting in France", *European Accounting Review*, *3*(3), 471~487.

Micklethwait, J. and A. Woolridge(1996). *The Witchdoctors: Making Sense of the Management Gurus*. New York: Times Books.

Maljanian, R. (1999). "Building an integrated hospital-based outcomes research program", *Medical Outcomes Trust Monitor*, 4(1).

Mullen, E. J. (2002). "Evidence—based social work—theory & practice: Historical and reflective perspective". Fourth International Conference on Evaluation for Practice, University of Tampere, Finland, July 4~6.

Patton, M. Q. (1997). *Utilization-Focused Evaluation: The New Century Text*. 3rd edition. Thousand Oaks, CA: Sage.

Porter, M. E. (1985). *Competitive Advantage: Creating and Sustaining Superior Performance*. New York: Simon & Schuster Adult Publishing Group.

Preston, T. (September, 1999). "Gaining through training: Developing high performing policy advisors", *Working Paper No. 2*. The New Zealand State Services Commission.

Rayport, J and J. Sviokla(1995). "Exploring the virtual value chain", *Harvard Business Review*, 73(6), 141~150.

Rockwell, S. K., Meduna, R. J. and S. N. Williams(2001). *Targeting Outcomes of Programs Helps Public Policy Educators Design Evaluations*. Paper for the National Public Policy Education Conference. San Antonio, TX, 17 September (http://www. farmfoundatiom. org/nppecindex. htm).

Rosen, A. and E. K. Proctor. (1981). "Distinctions between treatment outcomes and their implications for treatment evaluation", *Journal of Consulting and Clinical Psychology*, 49, 418~425.

Ross, M. H. (July, 2001). "PCIA as a peacebuilding toola", *The Berghof Handbook for conflict transformation*. The Berghof Research Center for Constructive Conflict Management.

Scales and Ladders Committee(September, 1999). CSBG Monitoring and Assessment Task Force. *Scales, From A to Y: Everything You Ever Wanted to Know⋯But Were Afraid to Ask.* Author.

Schwitzer, A. M. (1997). "Utilization-focused evaluation: Proposing a useful method of program evaluation for college counselors and student development professionals", *Journal of Measurement Evaluation in Counseling and Development, 30,* 50~61.

______(2002). "Using a chain-of effects framework to meet institutional accountability demands", *Journal of American College Health, 50*(4), 183.

Schwitzer A. M. and T. Mertzinger(1998). "Applying the student learning imperative to counseling center outcome evaluation", *Journal of College Student Psychotherapy, 13,* 71~92.

Spath, P. L. (ed.) (1966). *Medical Effectiveness and Outcomes Management.* San Francisco: Lassey-Bass.

Stefflebeam, D. and W. Webster. (1981). "An analysis of alternate approaches to evaluation", *Evaluation Studies Review Annual, l6.*

Syndenstricker, E. (1926). "The measurement of results in public health work", *Annual Report of the Milbank Memorial Fund.* New York.

Taylor-Powell, E. *The Logic Model: A Program Performance Framework.* University of Wisconsin Cooperative Extension(http://2. uta. edu/sswgrants/Technical%20Assistance/Logic_Model_presentation. pdf).

Tennessee Department of Human Services and the University of Tennessee College of Social Work, Office of Research and Public Service(January 2000). *The Guide to Implementing*

ROMA for CSBG Agencies in Tennessee. Author.

United States Department of Health and Human Services(1997). *Community Scales: A Ladder to the Twenty First Century.* Washington, D. C.: Office of Community Services, Author.

United Way of America(1996). *Measuring Program Outcomes: A Practical Approach.* Arlington, VA: United Way of America, Author.

United Way of Greater Milwaukee(1998). *Lessons Learned III: Using Outcome Data.* Milwaukee, WI: United way of Greater Milwaukee, Author.

W. K. Kellogg Foundation(1998). *W. L. Kellogg Foundation Evaluation Handbook.* Battle Creek, MI: The W. K. Kellogg Foundation, Author.

Warfield, A. (2000). *Outcome Thinking: Getting Results without the Boxing Gloves.* Retrouvaille Publishing.

Weiss, C. (1972). *Evaluating Action Programs.* Boston: Allyn and Bacon.

______(1972). *Evaluation Research: Methods for Assessing Program Effectiveness.* Englewood Cliffs, NJ: Prentice-Hall.

Weiss, C. (ed.) (1977). *Using Social Research in Public Policy-Making.* Lexington, MA: Lexington Books.

Williams, H. S., Webb, A. and W. Phillips(1991). *Outcome Funding: A New Approach to Targeted Grantmaking.* 3rd edition. Rensselaerville, NY: The Rensselaerville Institute.

World Bank Environment Department(1996). *Environmental Performance Indicators: A First Edition Note.* Washington, D. C.: The World Bank, Author.

●●● 로버트 펜나 Robert M. Penna

이 책의 책임저자로, '랜셀어빌 연구소'의 선임 컨설턴트이다. 포드햄대학을 졸업하고 보스턴대학에서 도시와 자치행정 전공으로 사회과학 박사 학위를 취득했다. 뉴욕 주 입법부에서 14년간 다양한 정책과 연구를 수행했으며, '랜셀어빌 연구소'에서 '애니케이시재단'Annie E. Casey Foundation, '내셔널지오그래픽재단'National Geographic Foundation, '유엔총회' United Nation의 컨설팅에 참여했다.

●●● 윌리엄 필립스 William J. Phillips

'랜셀어빌 연구소'의 부대표이자 '아웃컴센터' 센터장으로, 15년간 여러 정부, 비영리그룹, 지원기관의 성과를 향상시켰다. 《아웃컴 펀딩》의 공동저자이며 관련 주제로 다수의 연구와 칼럼을 발표했다. 뉴욕 올버니대학에서 사회학 학사 및 사회복지학 석사 학위를 취득하고 주정부에서 선임 관리자를 역임하였다.